Intro

Cada 4 años desde 1986 nos pasa lo mismo. Llegamos al mundial pensando que ahora sí tenemos chance de ganar. Nos pasa lo mismo: pasamos la eliminatoria arañando los últimos puntos para clasificar, sufriendo hasta el final y cortando cabezas de directores técnicos sin piedad.

Cada 4 años nos pasa lo mismo. Sacamos tres puntos cómodos, arrancamos un punto heroico y dejamos ir tres puntos seguros. Pero aún así nos alcanza para pasar a la siguiente ronda. Y cada 4 años nos pasa lo mismo: nos quedamos en la orilla de último minuto, o porque el rival era invencible o porque el árbitro nos acuchilló.

Cada 4 años nos pasa lo mismo: andamos con la bandera de México para todos lados, lloramos mientras cantamos el himno nacional, usamos sombreros de charro, escuchamos mariachi, ponemos "Cielito Lindo" a todo volumen y nos ponemos la playera verde todos los días.

Cada 4 años nos pasa lo mismo. Quedamos eliminados y renegamos de nuestro equipo, nos compramos una playera de Argentina, Brasil, Alemania o España y decimos que "sabíamos que México no iba a hacer nada".

Cada 4 años nos permitimos recordarnos que somos mexicanos. Y cada 4 años nos permitimos decir que desearíamos haber nacido en otro lugar.

Cada 4 años no ganamos el mundial. Pero eso no es lo peor: cada 4 años perdemos. Cada 4 años reafirmamos lo que ya sospechábamos: México nunca va a ganar el mundial.

¿Por qué? Teorías hay muchas, y la mayoría cubren razones estrictamente futbolísticas. Pero lo que quiero lograr con este ensayo es dejar por un momento la táctica, la formación de jugadores, las fuerzas básicas, los calendarios, o las teorías de conspiración y corrupción.

Porque este libro no se trata de futbol. Se trata de encontrar respuestas que van más allá de la cancha. Se trata de hurgar en la historia de nuestro país en busca de las pistas que nos lleven a responder una pregunta más grande: ¿qué significa ser mexicano?

Estoy seguro que en esa pregunta está la verdadera razón de nuestros fracasos futbolísticos, pero también de nuestro atraso científico, de la corrupción de nuestra sociedad y de nuestros continuos fracasos como país.

Busco la pieza que falta para descubrir lo más importante que puede tener una sociedad: identidad.

Antes de avanzar más y decepcionar a algún pambolero, quiero aclarar que no pretendo responder a esta pregunta desde un punto de vista futbolístico. Es decir, no estoy buscando una razón física, táctica o estratégica de por qué no hemos avanzado en el mayor torneo de futbol del mundo. Tampoco pretendo llegar a una conclusión definitiva ni dar por hecho que mi explicación es la única que se le puede dar al fenómeno explorado.

Dicho esto, ahora te diré lo que SÍ es este libro: es una exploración conceptual de la mente colectiva de los mexicanos. Quiero descubrir cómo somos, cómo pensamos y por qué encaramos la vida y sus obstáculos de una manera tan particular. Quiero aclarar también que no reniego de mi país; amo a México y quiero que salga adelante, pero para que eso suceda estoy convencido que primero tenemos que voltear atrás para conocernos mejor, aceptar nuestras fallas y retomar nuestras virtudes. Hay que darnos la oportunidad de conocer nuestra verdadera historia y no las mentiras que han moldeado en nosotros una identidad falsa; hay que hacer la paz con nuestros orígenes y dejar de pelear con nuestra sangre mestiza.

La razón por la que estoy usando el futbol como mecanismo para explorar al mexicano es la siguiente: no pretendo analizar al mexicano como individuo, sino a los mexicanos como colectivo. Y un deporte de conjunto al que todos tenemos acceso es perfecto como ilustración, ya que es como un México en miniatura. Además, el futbol está extremadamente documentado, así que podemos acceder fácilmente a todo tipo de historias y datos.

Ojo. Tampoco estoy diciendo que nunca vamos a ganar el mundial ni que somos inferiores en alguna manera. Mi análisis puede parecer frío por momentos, pero estoy convencido que no podemos cambiar nuestra situación y convertirnos en un país ganador si no hacemos un ejercicio de análisis imparcial, justo y libre del patriotismo que nos inculcaron en la escuela.

¿Qué pasa si no te gusta el futbol? No importa, este libro no es para aficionados al deporte. Es para personas que se sienten listas para encarar una nueva forma de vernos como personas y como colectivo; para personas que están dispuestas a romper lazos con un pasado derrotista y un origen falso y truqueado.

Lo más importante de todo es que, así como un equipo que va perdiendo tiene oportunidad de hacer cambios para ganar el partido, los mexicanos (como individuos, familias, comunidades y como país) tenemos la oportunidad de hacer cambios: podemos sacar de la cancha lo que no está funcionando y relevarlo con ideas frescas; podemos ajustar nuestra estrategia y nuestra táctica. Podemos defendernos mejor de los rivales e irnos al frente para anotarnos las victorias que nos hacen buena falta. Todavía podemos ganar el partido, pero para lograrlo tenemos que estar dispuestos a dar algo a cambio.

Te invito a que leas este libro con ojos de analista, no de aficionado. Bajemos al rectángulo verde y busquemos la manera de entendernos mejor para que cada vez que pisemos cualquier cancha, salgamos con la victoria. Recuerda, el futbol no nos define, pero ayuda a explicarnos.

EL PARADO TÁCTICO

México 1986. La Selección Mexicana vuelve a ser anfitriona de una copa mundial después de un hilo de malos resultados a nivel internacional: no clasificar al mundial del '74, perder sus tres partidos de la fase de grupos en Argentina 1978 con resultados estrepitosos (3-1 vs Túnez; 6-0 vs Alemania y 3-1 vs Polonia), y no clasificar para España '82. El equipo tiene a una de las mejores generaciones de futbolistas mexicanos del siglo y se juega en casa, pero el hecho de no haberse tenido que clasificar (por ser anfitrión) y los resultados de los últimos 12 años hacen de este equipo una incógnita. Al ser comandados por Javier Aguirre, Fernando "Sheriff" Quirarte, Tomás "El Jefe" Boy, Miguel España, y Hugo Sánchez, es fácil pensar que fue un equipo fuerte, aguerrido, combativo y ligeramente desordenado. Este conjunto de virtudes y defectos (sumados al imponente del Estadio Azteca lleno) le permitieron al equipo llegar a cuartos de final por segunda vez en su historia (la primera fue en México 1970, donde los grupos se clasificaban directamente a cuartos de final porque sólo participaban 16 selecciones). Finalmente, se enfrentaron contra los ordenados e igualmente aguerridos alemanes y perdieron en penales (regresaremos a este tema más adelante). Cabe mencionar que Javier Aguirre fue expulsado, con lo que México desaprovechó la superioridad numérica con la que habían estado jugando, ya que antes habían expulsado al alemán Berthold.

Estados Unidos 1994. La Selección Mexicana regresa a los mundiales después de ser suspendido por FIFA por alinear *cachirules* en las eliminatorias para el mundial sub-20. El equipo tiene a una de las mejores generaciones de futbolistas mexicanos de finales del siglo y se juega fuera de casa, pero en un territorio conocido por los jugadores. El equipo es dirigido por Miguel Mejía Barón, quien heredó y continuó el sistema de juego de Menotti. México jugaba con un 4-4-2 bastante conservador que generaba su juego ofensivo desde el centro de la cancha. Aún teniendo en la cancha a jugadores como Luis García, Alberto García Aspe, Nacho Ambriz y Marcelino Bernal, se sentía un equipo mucho más técnico que el de 1986, y definitivamente menos aguerrido. Este conjunto de virtudes y defectos le permitieron al equipo clasificar por primera vez en su historia a octavos de final en un Mundial organizado fuera de casa. Finalmente, se enfrentaron contra los sorprendentes búlgaros y perdieron en penales (también voy a hablar de esto más adelante). Cabe mencionar que Luis García fue expulsado, con lo que México desaprovechó la superioridad numérica con la que habían estado jugando, ya que antes habían expulsado al búlgaro Kremenliev.

Francia 1998. La Selección Mexicana juega el mundial con una de las mejores generaciones de futbolistas mexicanos del siglo. El equipo es dirigido por Manuel Lapuente, un entrenador sobrio y experimentado. México jugó con un 4-4-1-1 bastante defensivo y que generaba su ofensiva desde las bandas. Tanto la selección de jugadores (Claudio Suárez, Salvador Carmona, Germán Villa, Ramón Ramírez, Jesús Arellano, Cuauhtémoc Blanco, Luis Hernández) como la estrategia enviada por Lapuente favorecían el juego largo con mucha contención en el centro de la cancha y lanzamientos largos para iniciar contragolpes rápidos. Finalmente, se enfrentaron a los ordenados y aguerridos alemanes, quienes remontaron un 1-0 favorable a México en pocos minutos.

En el transcurso de 3 mundiales, México se mostró con 3 caras radicalmente diferentes. Y ya no estoy hablando de tácticas ni formaciones, México salió a jugar con 3 identidades diferentes. En comparación, Alemania, a quien enfrentó dos veces jugó con orden y coraje como siempre lo habían hecho y como lo hacen hasta hoy. ¿Cuál es la diferencia? ¿Por qué es tan difícil responder a la siguiente pregunta: ¿A qué juega México?

Esta misma pregunta se puede plantear en el terreno social: "¿qué es México?", y por lo tanto, "¿qué es ser mexicano?". Y déjame decirte, mi estimado lector, que no es una pregunta fácil de responder. Pensemos, por ejemplo, que cuando Cortés llegó a Tenochtitlán (solo para tomar esa fecha como referencia) se encontró e hizo alianza con al menos 4 pueblos diferentes, independientes e incluso enemigos. Y eso fue sólo en el trayecto Veracruz-Tenochtitlán. El punto es que, aunque a veces pensamos que "los españoles conquistaron México", México no existía; el territorio que se convirtió en Nueva España nunca fue un dominio unificado. Sí, los mexicas eran la cultura hegemónica y controlaban la mayor parte del territorio central del país, pero aún ellos eran una mezcla de sí mismos con las otras 3 culturas que habitaban el territorio del Valle de México cuando llegaron a establecerse. Y gran parte del terreno que dominaban no era siquiera habitado por ellos, sino que eran culturas diferentes a ellos a quienes tenían subyugados por la fuerza. Y eso es sólo en el territorio central: a esto hay que sumarle a las culturas "chichimecas" de Aridoamérica (que tampoco eran una unidad) y a los pueblos mayas. Nota aquí, lector, que no dije "los mayas" sino "los pueblos mayas" para hacer el apunte de que a éstos se les agrupa simplemente por etnicidad y por compartir el territorio, pero realmente eran cientos de pueblos y asentamientos cuya relación estaba más marcada por el conflicto que por la colaboración. Es curioso, pero muchos pueblos indígenas no fueron (ni se sintieron) conquistados con la caída de Tenochtitlán. En cambio, esos pueblos siguieron sus vidas normalmente hasta que los españoles empezaron a expandir su área de influencia. Algunos de estos pueblos no fueron sometidos sino hasta unos 200 años después de la caída de Tenochtitlán, así que incluso después de este parteaguas en nuestra historia, las vidas de varios "Méxicos" corrían en paralelo.

Esto nos lleva al primer problema: ¿cuál es nuestra identidad? ¿Qué es ser mexicano? Para ejemplificar mi punto, te pido que pienses en las siguientes preguntas, lector: ¿Qué se come en México en el día a día? ¿Cuáles son los platillos típicos? ¿Qué se come en las festividades? Es fácil pensar en varios, ¿no? Mole poblano, chiles en nogada, tamales (chicos, grandes o fritos), pozole (verde, blanco o rojo), cochinita pibil, queso relleno, cabrito, pescado zarandeado, machaca con huevo. Pero, ¿cuál de estos nos define como pueblo? Aquí se va complicando la cosa, ¿no crees? Ahora pensemos en la pregunta más complicada de todas. ¿Qué es ser mexicano? Te voy a pedir que pienses muy bien tu respuesta y que tú y yo descartemos por un momento las afirmaciones patrioteras pseudo poéticas que nos enseñaron en la escuela y que perpetuaron cada 15 de septiembre en las transmisiones televisivas del Grito de Independencia. ¿Qué es ser mexicano?

Para explorar el tema un poco más a fondo, regresemos a la idea de los diferentes "Méxicos" que existían alrededor del tiempo de la conquista y que sigue vigente hasta nuestros días. ¿No me crees, mi querido lector? Te pido que te preguntes qué tienen en común un indio rarámuri y una señora clasemediera de Mérida? ¿En qué se parece un adolescente de Monterrey a uno de la sierra de Oaxaca? ¿Qué tienen en común un hombre de clase media de Tijuana y otro de Tapachula? Probablemente, lector, pensarás que estas preguntas son vanas. Porque lo mismo pasa en otros países de gran extensión territorial. Y estoy de acuerdo, pero eso no quiere decir que esos otros pueblos tengan clara su identidad. Y si lo tienen, ha sido por las diferencias en los procesos que tomaron sus sociedades para llegar a lo que son hoy. El punto de este texto es descubrir el origen de nuestra falsa identidad y juntos, tú y yo, buscar nuestro auténtico origen; la historia verdadera, la serie de combinaciones históricas que nos han traído hasta aquí. Y a partir de ese descubrimiento, formar la identidad del mexicano del siglo XXI. Ese mexicano que va a lograr lo que se proponga, que no se va a achicar ante la adversidad ni ante un rival que considera más grande. El mexicano que no va a justificar su derrota diciendo "es que contra Alemania está cabrón". El mexicano que va a tirar los penales con plena convicción. El mexicano que va a ganar el Mundial.

Por eso es tan importante conocer nuestra historia, nuestra verdadera historia. Porque en ella están marcadas las decisiones y omisiones que hoy nos tienen donde estamos. Y déjame decirte que ya repetimos nuestra historia demasiadas veces: es hora de cambiarla.

¿En qué México vives?

Quiero profundizar un poco en el tema de los diferentes Méxicos. Y es que estoy convencido que es extremadamente importante que antes de tomar acciones para reformar nuestra identidad, necesitamos entender lo que actualmente somos.

Los Méxicos (o lo que formalmente se conoce como Estados Unidos Mexicanos) están divididos por varias dimensiones: geográfica, de clase, racial y cultural. Estas dimensiones no son directamente excluyentes la una de la otra; todas se mezclan y se cruzan, lo que hace de la clasificación de Los Méxicos una empresa extremadamente ambiciosa. Por eso, voy a hacer un ejercicio sencillo para el cual basta el sentido común y no hace falta una investigación de campo que nos tome años. Aclaro, este ejercicio es absolutamente empírico y su objetivo es pintar una imagen general de Los Méxicos.

La dimensión más amplia para este ejercicio es la geográfica, ya que en Los Méxicos existen todos los climas y una enorme diversidad de ecosistemas. Mi primer ejemplo es muy sencillo:

Juan es un ganadero de Chihuahua, donde el terreno es árido y el clima caliente y seco. Parte de su familia se ha dedicado a la ganadería por varias generaciones, y la otra parte está en Estados Unidos. Juan maneja una pickup americana, usa jeans y gorra de béisbol. En sus días libres hace carne asada, escucha banda y toma Carta Blanca con su familia y algunos amigos. Su vida gira en torno al trabajo, ya que los valores que éste representa son más importantes que la religión y el entretenimiento. Tiene dos hijos, quienes después de la escuela se van al rancho a trabajar con Juan.

José es un agricultor de Oaxaca, donde el terreno es fértil y el clima es caliente y húmedo. Parte de su familia se ha dedicado al cultivo de subsistencia, y la otra parte emigró al puerto más cercano para dedicarse a la pesca comercial. José maneja una pequeña pickup japonesa, usa bermudas y sombrero de paja. En sus días libres lleva a su familia a la laguna para nadar y se toma un mezcal con sus amigos. Es profundamente católico, y su vida gira en torno a las actividades lúdicas y a la familia. Tiene 4 hijos, que después de la escuela van al monte a explorar o pescan en la laguna.

Juan y José son mexicanos, pero viven en dos Méxicos radicalmente diferentes. Han tenido modelos educativos casi opuestos, uno expuesto a la influencia norteamericana, el otro más expuesto a la tradición católica del centro-sur del país. El clima de la región de Juan lo obliga a ser más creativo con sus recursos, mientras que en la tierra de José, semilla que cae, semilla que pega.

El ejemplo puede parecer exagerado, pero no lo es tanto. Sí, representa extremos puros, casi estereotipos, pero mi intención es que no nos quede ninguna duda, mi querido lector, de la diversidad con la que estamos lidiando. Es más, agreguemos un personaje más para ver a dónde nos lleva este ejercicio de la imaginación.

Laura es contadora. Vive en el D.F., donde el clima es un relajo. Vive con 3 "roomies" en la colonia Del Valle. Su familia nunca se dedicó a la contabilidad, de hecho es la primera de su familia que cuenta con título universitario. Su papá es herrero y su mamá cocinera. Laura maneja un pequeño sedán de fabricación alemana y todos los días se viste de traje sastre. El fin de semana se pone ropa de moda comprada en un gran almacén y pagada a meses sin intereses con la tarjeta de crédito de un banco español, y sale con sus amigas a antros y bares. Aunque sus padres son católicos, ella no tiene interés en la religión pero conoce los ritos (y participa en ellos cuando la invitan a bodas, bautizos, etc). Es soltera y no planea tener hijos.

Ahora pongamos a Juan, a José y a Laura en la mesa de un café a discutir sobre política. ¿Qué crees que pueda pasar? Seguramente la conversación sería muy interesante, pero definitivamente sus diferencias quedarían expuestas de manera radical. Ahora, ¿qué significa esto? ¿Es bueno o es malo? Ninguna. Pero para entendernos, primero es necesario conocernos. Y como mexicanos nos tocó la tarea titánica de conocer a todos nuestros Méxicos: el católico, el pobre, el rico, el norteño industrializado, el relajado de la costa del sur, el moderno de clase media, el petrolero, el montañés, el de los pueblos indígenas (que son muchísimos), el de ciudad pequeña, el de pueblo grande, el agringado, el aislado y Yucatán (que es tema para todo un libro).

Volvamos a la cancha. Alineemos a 11 jugadores que representen diferentes Méxicos, y vamos a pedirles que ganen un Mundial. Ni de chiste. Primero habría que pedirles que se entiendan.

Querido lector, en los siguientes capítulos vamos a tratar de contestarnos dos preguntas esenciales: ¿Qué significa ser mexicano? y ¿A qué juega México?

Estados ¿Unidos? Mexicanos

Imagínate este escenario. Bueno, no te lo imagines, recuérdalo. Estás en un bar con tus amigos. Se juntaron a ver un partido de México (seguramente de eliminatoria o Copa Oro). Es el minuto 89' y el partido está para cualquiera. En una descolgada sorpresiva, Herrera le filtra el balón a Chicharito. La recibe con algo de dificultad, le pega de parte interna y el balón entra dramáticamente pegado al poste derecho. Tú y tus amigos gritan el gol del triunfo eufóricamente mientras se abrazan y piden otra ronda de cervezas. Todos menos uno: el que le va al América. "Es que pinche Chicharito está inflado por la televisión", te dirá. Pero la verdad es que no lo festeja por el origen del jugador: surgió en Chivas. Ya ni juega en el equipo y hace mucho tiempo que no lo hace, pero nació en la casa de tu rival. ¿Por qué hacemos esto? ¿Por qué no sabemos separar el futbol de clubes del de selecciones? ¿No deberíamos festejar todos los goles de la selección sin importar quién los anotó? Porque lo mismo pasaba con los aficionados de Chivas cuando anotaba Cuauhtémoc Blanco, el ídolo de Coapa. ¿Por qué? Mi teoría es la siguiente: no somos un país unido. Eso ya lo sabía, podrás estar pensando. O tal vez puedes decir que eso ya lo dije en el capítulo anterior. Pero no. Esto es diferente. En el capítulo anterior mi intención era dejar claro que no somos un país con una identidad unitaria, ni con circunstancias idénticas para todos. El primer paso es entender y aceptar esa realidad.

Lo que quiero decir en este capítulo es que la diversidad no tiene que ser un problema; las diferencias no necesitan separarnos. Podemos ser radicalmente diferentes pero estar unidos, es cosa de entenderlo, decidirlo y tomar acción. Y para eso, estoy convencido que es igual de importante entender que los mexicanos, más allá de la falta de entendimiento de nuestro origen, nunca hemos estado unidos. En el capítulo anterior hablé de la diversidad de culturas que habitaban el territorio antes de la conquista y durante los primeros dos siglos del virreinato. Por alguna razón, la historia oficial asume que una vez sometidos todos los pueblos indígenas, hubo una asimilación generalizada de la cultura occidental y ¡pum!, mágicamente todos nos convertimos en mexicanos. Pues no fue así. La realidad es más complicada. El virreinato estableció claras diferencias entre los habitantes del territorio, e incluso le asignó derechos diferentes a todos ellos. Es decir, no por vivir o haber nacido en Nueva España uno era "mexicano". Uno podía ser español, indio, criollo, mestizo, mulato, castizo y una lista exagerada y cómica de castas. Obviamente, todo esto no contribuyó a la formación de una identidad nacional ni a una unidad entre los estratos de la sociedad, porque no se consideraban parte del mismo grupo humano, simplemente compartían el territorio.

MENTIRA HISTÓRICA: LOS MEXICANOS GANAMOS LA INDEPENDENCIA.

Bueno, pero la Independencia nos unió como mexicanos, ¿no? Pues no. Y aquí quiero hacer una advertencia. Si sólo conoces la historia oficial y sigues leyendo, puedes llevarte una gran decepción. Pero te recuerdo, lector, que estamos juntos en esto y que es más importante encontrar la verdad que seguir viviendo con la venda de la historia oficial sobre los ojos. ¿Por qué digo que la Independencia no nos unió? Porque no fue un movimiento social; no provino de un desacuerdo generalizado de la masa contra el gobierno. Porque no fue una revolución sino una serie de revueltas con agendas diferentes. Por ejemplo, Hidalgo arengó al pueblo de Dolores por razones muy diferentes a las que tenían Allende, Aldama o Morelos para continuar la guerra. Y a final de cuentas, la Independencia de México terminó siendo una guerra ganada por los españoles. Ah caray, podrás estar pensando. ¿Cómo la ganaron los españoles si dejamos de pertenecer a España? Precisamente. No la ganó España, sino los españoles. Recordemos que cuando empezó la guerra de Independencia, el ejército francés de Napoleón había invadido a España. Esto desencadenó una serie de reformas que culminaron con la Constitución de Cádiz, de corte evidentemente liberal (que entre otras cosas abolía la Inquisición y le quitaba fortuna y poder a la iglesia católica) y que sacudieron a las clases acomodadas (españoles e iglesia católica) en la Nueva España. Finalmente Agustín de Iturbide, criollo designado para acabar con los restos de la guerrilla de insurgentes comandadas por Guerrero y Guadalupe Victoria (este último ya ni siquiera estaba en combate sino escondido), negoció la consumación de la independencia sólo para proclamarse emperador. El resultado de la independencia:

un país nuevo dirigido por las ideas añejas de siglos atrás que en Europa habían caducado, y que mantenía la estructura social del virreinato con una separación de clases e ideologías aparentemente irreconciliables.

Y así, todo el siglo XIX se nos fue en guerras entre liberales y conservadores. La polarización de las posturas llegó a extremos increíbles, y el pueblo raso fue usado por ambos bandos simplemente para ejercer la fuerza sobre el otro. Este fue el siglo en el que probablemente se causó la fractura social más grave, la que nos dividió entre ricos y pobres, liberales y conservadores, nosotros y los otros.

Y después vino la Revolución, otra serie de revueltas donde un gran número de sectores sociales chocaron entre sí, primero para derrocar al régimen que los tenía sometidos y después para llevar agua a su molino. La desigualdad económica en esta época era crítica. Los pobres eran cada vez más pobres y el sistema caciquista lo estaba haciendo cada vez peor. En el fondo, la Revolución tiene el mismo problema que la independencia. Te pregunto, lector, ¿quién ganó la guerra de la revolución mexicana? ¿Quiénes eran los revolucionario y contra qué luchaban? Insisto, no fue una revolución surgida del grueso de la sociedad y dirigida contra un enemigo común, porque la sociedad en sí misma estaba brutalmente dividida.

¿Qué ha cambiado en los últimos años? No mucho. La paz que consiguió el PRI a partir del maximato no es un sinónimo de unidad. Se podría definir mejor como una desconfianza silenciosa y generalizada, una actitud de "cada quién lo suyo". La sociedad se cerró, cada quien buscó cuidar lo suyo. Caímos en un individualismo y una cerrazón que persisten hasta nuestros días. ¿Será casualidad que los mexicanos típicamente ganamos en deportes individuales? ¿Tendrá esto que ver con nuestra dificultad para ganar en deportes de conjunto? ¿Será que esto es uno de los rasgos que tenemos que cambiar en nuestra sociedad para aspirar a ganar el mundial? Tal vez. Pero no es tan simple. Acompáñame al siguiente capítulo para descubrir más problemas y tratar de encontrarles solución.

JUEGO PELIGROSO

IDENTIDAD DE IMPORTACIÓN

Marzo de 2002. El director técnico de la selección mexicana, Javier Aguirre, anuncia la convocatoria para los amistosos previos al mundial de Corea y Japón que estaba a un par de meses de iniciar. Probablemente las mayores sorpresas de la convocatoria son Luis Hernández, Alberto García Aspe y Jorge Campos y no porque no fueran material de selección nacional, sino por su edad. Su presencia en la selección implicaba que México no podría tener jugadores jóvenes de recambio, y su nivel de juego ya no era el que habían mostrado en los mundiales del '94 y '98. Sin embargo, la prensa y la afición vieron esta situación como algo normal, si acaso como un bonito reconocimiento a la trayectoria de estos futbolistas. Todo marchaba en paz hasta que se mencionó el nombre de Gabriel Caballero, un argentino que había llegado a la liga mexicana 6 años antes y que estaba convertido en el ídolo del Pachuca y uno de los mejores jugadores de toda la competencia. El escándalo que se desató fue desproporcionado. Manuel Lapuente declaró que habían mejores jugadores nacidos en México; Luis Hernández "el Matador" se dijo molesto, prácticamente ofendido por el llamado de Caballero. En la televisión y los periódicos, los "expertos" opinaban las cosas más extremas, polarizadas y hasta absurdas. Algunos decían que la selección no debería admitir jugadores naturalizados porque no eran realmente mexicanos. Otros decían que estos jugadores bloquearían el desarrollo de jugadores verdaderamente mexicanos. Un puñado de comentaristas alegaban que legalmente tenían los mismos derechos que cualquier otro mexicano, a lo que la mayoría respondió variantes de: "no importa si por ley son mexicanos, no son realmente mexicanos". La mayoría de jugadores, directores técnicos y comentaristas opinaban que, para admitir a un mexicano por naturalización en el equipo, tendrían que "marcar diferencia" o "dar un plus", es decir, tenían que ser radicalmente mejores al resto de los jugadores. Pero al jugador mexicano se le daba el derecho y beneficio de jugar mediocremente y hacer el mínimo esfuerzo por el equipo, simplemente por haber nacido en el país. El mundial se jugó sin grandes incidencias para Caballero, quien jugó los 3 partidos de la fase de grupos a un nivel idéntico al de sus compañeros. Al regreso fue duramente criticado por no "hacer más", a pesar de que él no jugó el vergonzoso partido que jugaron 11 mexicanos de nacimiento contra E.U. donde el equipo fue eliminado del torneo.

Después de él, varios futbolistas naturalizados han sido llamados a la selección mexicana y al menos uno de ellos participó en los siguientes 3 mundiales. Todos han recibido el mismo trato y las mismas críticas desproporcionadas. Y en pleno 2017, el debate de jugar o no con naturalizados sigue tan vivo como hace 15 años, y los argumentos siguen siendo igualmente absurdos y han sido esgrimidos por entrenadores de selección mexicana que en sus clubes han alineado a tantos extranjeros y naturalizados como les sea posible sin ruborizarse.

Tal vez, mi futbolero lector, uno pueda creer que esto es un síntoma de un gran nacionalismo; la confirmación de que, después de todo, sí tenemos una fuerte identidad nacional que nos une frente a lo ajeno, lo extranjero, lo desconocido. Pero lamentablemente no tengo razones para pensar que sea así. Yo creo la reacción tan agresiva contra los jugadores naturalizados en la selección proviene del miedo a que un elemento externo venga a amenazar nuestra frágil identidad. Estoy convencido que intuitivamente no queremos que alguien de fuera demuestre ser "tan mexicano" como nosotros. Porque a nosotros nos tocó nacer aquí, pero ellos decidieron hacerse mexicanos. Sí, tal vez fue por conveniencia, pero finalmente adoptaron su nueva nacionalidad con un gran compromiso y entrega, el mismo compromiso y entrega que muchos mexicanos no le sabemos entregar a nuestro país. Auch.

En su libro "El laberinto de la soledad", Octavio Paz habla de dos momentos en la historia del país en los que los poderosos con cierto nivel intelectual importaron e intentaron adoptar formas de pensamiento que estaban funcionando muy bien para otras sociedades, pero que eran ajenas a la naturaleza y diversidad de nuestros pueblos. La instauración de estas formas de pensamiento en el sistema educativo y en el tono y manejo de lo público no sólo no ayudaron a moldear nuestra identidad, sino que retrasaron nuestra percepción de lo que significa ser mexicanos. Cito textualmente:

La simulación porfirista era particularmente grave, pues al abrazar el positivismo se apropiaba de un sistema que históricamente no le correspondía [...] El positivismo se convierte así en una superposición histórica bastante más peligrosa que todas las anteriores porque estaba fundada en un equívoco. [...] La nueva filosofía no tenía nada que ofrecer a los pobres; su función consistía en justificar la conciencia —la mauvaise conscience— de la burguesía europea. En México el sentimiento de culpabilidad de la burguesía europea se teñía de un matiz particular, por una doble razón histórica: los neofeudales eran al mismo tiempo los herederos del liberalismo y los sucesores de la aristocracia colonial.
[Paz, Octavio. El Laberinto De La Soledad. Fondo De Cultura económica, 1990.]

Por esto, el tema de los jugadores naturalizados representa tantos problemas. Por un lado, son una amenaza a nuestra frágil identidad que no está suficientemente madura y que ha sido interrumpida tantas veces por nuestra propia torpeza y por la intervención de factores externos. Por otro lado, creo que intuitivamente vemos en la selección mexicana un ente formador de identidad; en ella proyectamos todo lo que queremos ser pero aún no hemos logrado.

El caso de Alemania

¿Recuerdas que en el primer capítulo mencioné a Alemania como un equipo (y un pueblo) con una identidad fuerte y clara? No voy a profundizar en el tema de cómo lo hicieron, porque pasaron por procesos largos y difíciles para encontrarla, pero creo que vale la pena comparar a este equipo tan ganador en su postura hacia la influencia externa.

Vamos al mundial de 2006, organizado en Alemania. El equipo venía de ser subcampeón en 2002, y venía resurgiendo de una de sus peores rachas en mundiales: 5o y 7o lugar en '94 y '98 respectivamente. Todo pintaba para que Alemania fuera el campeón; la mesa estaba servida, el orgullo alemán podría resurgir. Pero pasó algo que en México hubiera sido inaceptable: en lugar de convertir ese mundial en una fiesta de nacionalismo recalcitrante: los alemanes demostraron que la identidad nacional no es un fenómeno rígido, sino que al igual que el idioma va cambiando con los sucesos de la historia. Y la muestra más clara estuvo en su alineación. Alemania jugó, no con 1, sino con 5 futbolistas naturalizados: Oliver Neuville (nacido en Suiza), Gerald Asamoah (nacido en Ghana), Lukas Podolski (nacido en Polonia), David Odonkor (nacido en Alemania pero de padre ghanés) y Miroslav Klose (nacido en Polonia), el máximo goleador de todos los tiempos en mundiales y para la selección de Alemania. ¿A qué jugó Alemania en 2006? A ser Alemania. La misma ordenada, metódica y poderosa de siempre.

Para el siguiente mundial, Sudáfrica 2010, Alemania incrementó la dosis de jugadores de extracción foránea. Entendiendo el cambio en los tiempos y la realidad de su pueblo, los alemanes jugaron con 3 futbolistas nacidos fuera del país: Marko Marin (nacido en Bosnia-Herzegovina), Cacau (nacido en Brasil) y Piotr Trochowsky (nacido en Polonia); además de alinear a varios jugadores nacidos en Alemania y que eran hijos de migrantes de primera generación: Jérôme Boateng (de origen ghanés, incluso su hermano juega para Ghana), Sami Khedira (de padre tunecino), Dennis Aogo (de origen nigeriano), Serdan Taşçi (de padres turcos), Mesut Özil (de origen turco, incluso renunció a dicha nacionalidad), y Mario Gómez (de origen español).

Mi futbolero lector, te invito a que reflexiones conmigo las razones por las que nos sentimos tan amenazados por la idea de que alguien haya nacido fuera de México y quiera participar en nuestra sociedad (pienso en el caso inverso, el de William Yarbrough, portero de León que es más americano que el águila calva pero que por haber nacido en México, lo queríamos "reclamar como nuestro"). ¿Qué nos hace pensar que el lugar de nacimiento es lo que determina nuestra identidad desde el inicio y para siempre?

FALTA ARTERA

MESTIZAJE INCOMPRENDIDO

Vamos a la Cibeles a festejar que ganó el Real Madrid". "En este Mundial le voy a Argentina, México no va a hacer nada". "¿Cómo vamos a ganar el mundial? Ni que fuéramos Alemania". "¡Sí se puede, sí se puede!".

En su libro "Anecdotario del futbol mexicano", Carlos Calderón nos cuenta una historia que nos ayuda a ilustrar un punto muy importante en la personalidad del mexicano: dentro de nosotros, la guerra entre indios y españoles persiste. Entre "ellos" y "nosotros" sigue habiendo una guerra por apoderarse de nuestra identidad; el problema es que no sabemos cuáles somos "nosotros".

Una mañana de domingo [...] la familia Elizaliturri decide ir a la colonia Chabacano para concurrir al partido entre el Asturias [...] y el Necaxa. La comitiva está compuesta por don Pedro y sus tres preciosas hijas: Donata, Mariana y Fernanda. [...] La familia asturiana, cómodamente instalada [...] se dispone a ver el encuentro. Asientos más arriba se sitúa la familia Gutiérrez, que si bien no es de abolengo, puede pagar asientos en sombra gracias a [...] sus dos boneterías que atienden las propias hijas de don Juan Gutiérrez: María, Leticia y Gudelia. El partido inicia y las Elizaliturri se limitan a los aplausos [...] El Necaxa, sin embargo, es el primero en anotar y las Gutiérrez se burlan de las Elizaliturri: —Bien mi Necaxa, enséñale a esos gachupines desgraciados lo que es el buen futbol. O: —Esas asturianas, su equipo juega tan feo como feas están ustedes. [...] Cuando el Necaxa anota el segundo tanto las burlas se intensifican. Un jovenzuelo de esos que abundan, queriendo quedar bien con las asturianas, se para, increpa a la familia Gutiérrez y le dice que se calle y respete a las españolas. Pero éstas, ya molestas por lo acontecido, apuntan: —Tú que te metes indio mecapalero, nosotros no necesitamos vejiga para nadar y nos podemos defender solas.

Y como va se lanzan tras las Gutiérrez, [...] se trenzan en fiera lucha de vecindad contra sus rivales asturianas…
[Cardoso Carlos Calderón. Anecdotario Del Futbol Mexicano. Ficticia, 2006.]

Aunque el motivo del autor para contar esta historia es meramente anecdótico, el lenguaje usado en la pelea y el hecho de que en pleno siglo XX todavía hubieran equipos de futbol que representaran meramente a los españoles (en gran parte por la segunda gran migración, pero ese es otro tema) habla de que como pueblo hemos sido incapaces de cerrar las heridas, de hacer la paz con nuestro origen y de aceptarnos como producto del mestizaje.

Esta misma polarización es el lenguaje común en las discusiones sobre la selección mexicana de futbol. Es casi increíble que se digan cosas tan distintas del mismo equipo en el mismo momento histórico y los mismos resultados, cuando solo cambiamos a la persona que las dice. Mientras los comentaristas de un canal dicen "México está para enfrentar a cualquiera", los otros se rasgan las vestiduras lamentando la segura derrota de un partido que no se ha jugado. ¿Por qué los mexicanos tenemos un pensamiento tan polarizado? Se me ocurre que hay que volver a la conquista para descubrirlo.

La historia oficial dice que los españoles vinieron con caballos y arcabuces y "nos" conquistaron. Le quitaron a los "mexicanos" la independencia, la forma de gobierno, la religión y las costumbres para imponer sus formas. Nos cuentan que en una batalla desigual, "ellos" con sus armas modernas y avanzadas tácticas de guerra nos ganaron a "nosotros". La historia que se enseña en la escuela, y que viene plasmada en los libros de texto gratuitos tiene una deformación que resulta clave en la identidad colectiva de los mexicanos: plantea un escenario de ellos contra nosotros. Y a "nosotros" nos deja como los pobrecitos inditos maltratados por el gran opresor. Lo único que genera la historia oficial es un resentimiento hacia nuestra propia historia. Además, no nos ayuda a aclarar la pregunta que seguimos sin contestar, lector: ¿Quiénes somos? ¿Somos indios o españoles? ¿Somos mestizos? ¿Qué tan indios somos y qué tan españoles?

El gran problema que le veo al resultado de la deformación de la historia oficial es que ninguna de las opciones anteriores nos deja satisfechos. Explico. Los nobles nditos están en su pintoresco pueblito adorando a sus dioses inocentemente en la punta de una pirámide; llegan los malditos españoles gandallas y matan al cobarde de nuestro emperador con la ayuda de la Malinche. El resto de los indios, ante la falta de su líder supremo agachan la cabeza y entregan la ciudad, los tesoros y la dignidad.

¿Con qué nos quedamos después de esta explicación? Con los malditos españoles gandallas y los pinches indios agachones. ¿Quién quiere ser alguna de las anteriores? Yo no. Si la historia es así, yo no quiero ser español ni indio. Pero aquí viene una de las mayores contradicciones de nuestra sociedad: en el fondo preferimos ser el conquistador gandalla que el indio agachón. ¿No me crees? ¿Qué te molesta más que te digan: que eres un "vivales" o que eres un pinche indio? Piénsalo.

Entonces, ¿los mexicanos somos malinchistas? Si nos guiamos por el razonamiento anterior, producto de los engaños de la historia oficial, pues sí. Pero si nos tomamos un momento para pensarlo mejor y para juzgar los hechos a la luz de los mitos que ya hemos desmentido, nos podemos dar cuenta de cosas que pueden cambiar radicalmente nuestra manera de entender nuestro origen.

MENTIRA HISTÓRICA: LA TRAICIÓN DE LA MALINCHE.

Según el diccionario de la RAE, el malinchismo es la actitud de quien muestra apego por lo extranjero con menosprecio de lo propio. El problema de esta definición es que proviene de una versión equivocada en la historia de la mujer que erróneamente llamamos "Malinche". Déjame explicarte por qué. La Malinche en realidad se llamaba Malintzin, y también se le conocía como Mallinali. Según la historia oficial, Cortés y ella se enamoraron y ella nos traicionó a todos actuando como espía y traductora de los españoles. Pues no necesariamente fue así. En su libro "100 mitos de la historia de México", Francisco Martín Moreno nos cuenta la verdadera razón por la que Malintzin ayudó a Cortés: en primera porque llegó a estar con él porque le fue dada como esclava, así que no tenía muchas alternativas.

Y en segunda, porque (recordemos que las sociedades prehispánicas no eran una nación) los mexicas habían tomado prisionero y asesinado a su padre. En palabras de Moreno:

> A primera vista podríamos pensar que ella fue una traidora; sin embargo, estoy convencido de que antes de endilgarle este calificativo es necesario comprenderla: la Malinche no fue una traidora, sólo ayudó al enemigo de sus enemigos, al hombre que podía —gracias a sus alianzas y a la guerra bacteriológica— vencer a los aztecas que dominaban y explotaban, por medio de la guerra y del tributo, a la mayor parte de las comunidades mesoamericanas. La Malinche, al igual que Cortés, sólo tenía un enemigo: los aztecas. Ella no traicionó a los mexicanos, pues aún no existíamos, ella —en el peor de los casos— sólo se enfrentó a los enemigos de su nación y eso difícilmente puede ser condenable.
> [Moreno, Francisco Martín. 100 Mitos De La Historia De México. Planeta, 2011.]

Se dice que "Malinche prefirió a los extranjeros por encima de los suyos", pero al darnos cuenta que los mexicas no eran "los suyos", sino sus enemigos, podemos conocer la verdad sobre la motivación de este personaje. Entonces, técnicamente no somos malinchistas. Saber esto nos ayuda a avanzar en el conocimiento de nuestro origen, pero todavía no nos resuelve la pregunta: ¿somos indios o españoles? También se dice de Malintzin que es la "madre del mestizaje". Los españoles la bautizaron, le pusieron de nombre Marina y aunque Cortés la obligó (recordemos que era una esclava) a casarse con uno de sus hombres de confianza, él mismo tuvo un hijo con ella: Martín Cortés, considerado el primer mestizo. Esto es clave, porque habla a gritos del gran problema con nuestra percepción del mestizaje: es un ultraje. Ya lo dijo Octavio Paz en su gran ensayo "El laberinto de la soledad":

> Si la Chingada es una representación de la madre violada, no me parece forzado asociarla a la Conquista, que fue también una violación, no solamente en el sentido histórico, sino en la carne misma de las indias. El símbolo de la entrega es doña Malinche, la amante de Cortés. Es verdad que

ella se da voluntariamente al conquistador, pero éste, apenas deja de serle útil, la olvida. El pueblo mexicano no perdona su traición a la Malinche. Ella encarna lo abierto, lo chingado, frente a nuestros indios estoicos, impasibles y cerrados. Tampoco es extraña la maldición que pesa contra la Malinche. De ahí el adjetivo despectivo «malinchista», recientemente puesto en circulación por los periódicos para denunciar a todos los contagiados por tendencias extranjerizantes. Los malinchistas son los partidarios de que México se abra al exterior: los verdaderos hijos de la Malinche, que es la Chingada en persona. La extraña permanencia de Cortés y de la Malinche en la imaginación y en la sensibilidad de los mexicanos actuales revela que son algo más que figuras históricas: son símbolos de un conflicto secreto, que aún no hemos resuelto.

[Paz, Octavio. El Laberinto De La Soledad. Fondo De Cultura económica, 1990.]

Está claro. No somos españoles ni indios. Somo hijos de una violación física y cultural. El problema es que no queremos ser una cultura bastarda, no queremos ser los *"hijos de la Chingada"* que menciona Octavio Paz. La pregunta es ¿qué queremos ser? ¿Es necesario romper con nuestro pasado? No lo creo. Es necesario conocer la verdad sobre nuestro pasado, entenderlo y actuar con base en la realidad. Por cruel que sea la historia de nuestro origen, eso es algo que no podemos cambiar. Y ya vimos que tratar de cambiarla (como se ha hecho con la historia oficial) no nos ayudó a construir una identidad más fuerte. Somos producto de una dualidad contradictoria; somos producto de tiempos que no entendemos, cuando el imperialismo, el vasallaje, la esclavitud y la violación eran moneda corriente. Somos producto de un pasado idealizado que nos enorgullece, chocando de frente con una realidad que nos avergüenza. La buena noticia es que conocer la verdad nos acerca un paso más al descubrimiento de lo que significa ser mexicano.

Pero ya que estamos hablando de Malinche, pregunto: ¿los mexicanos somos malinchistas? Ya quedó claro que la definición es incorrecta. Pero, ¿qué hay del concepto? ¿Será que los mexicanos realmente tenemos una mayor apreciación por lo extranjero? ¿O será que despreciamos lo propio? ¿O las dos cosas? La percepción generalizada es que los mexicanos somos, en efecto, malinchistas (usaré esta palabra para fines prácticos). Lo que queda claro es que no sabemos el porqué.

¿Por qué los mexicanos volteamos hacia otros países para buscar inspiración en sus historias de éxito? ¿Será algo que tiene que ver con nuestra historia? ¿Con nuestra personalidad colectiva? ¿Tal vez con nuestros orígenes? De una cosa estoy seguro, y me voy a permitir postular una teoría sin intentar comprobarla. Más bien, mi lector, te invito a que desenredemos sus partes y le encontremos juntos sus posibles explicaciones. La teoría es la siguiente: los pueblos tienen una personalidad colectiva. Tal cual, como si fueran personas. Esta teoría parecería descartar las diferencias entre los individuos ni entre los subgrupos de una sociedad. Pero es lo contrario; la personalidad colectiva se forma de los elementos más significativos del carácter de cada parte del colectivo. Podríamos teorizar horas acerca de la posible veracidad o falsedad de mi postulado, pero prefiero que vayamos a ver cómo se aplica en la práctica.

La personalidad colectiva es una serie de actitudes, acciones, reacciones e ideas que se ajustan a la cosmovisión compartida por un grupo. ¿Cómo formas parte de una personalidad colectiva? Debes compartir su cosmovisión. En nuestro caso, compartimos la herencia de las mentiras históricas (que estamos explorando en cada capítulo), de nuestro mestizaje incompleto, nuestros intentos de importar ideas que nos den identidad además de todo lo que exploraremos más adelante. Oye, podrá pensar algún lector atento, pero antes dijiste que el primer problema a explorar era la falta de unidad entre los mexicanos, ¿y ahora me dices que compartimos una cosmovisión? Y mi respuesta es: claro, porque identidad y cosmovisión no son la misma cosa; la primera tiene que ver con los rasgos definitorios y la segunda con nuestra interpretación del mundo y la realidad. Digamos, pues, que la personalidad colectiva es regida por la cosmovisión ya que es un conjunto de creencias mucho más grandes, que trascienden al individuo.

¿Qué tal si tratamos de encontrar un ejemplo de la personalidad colectiva de un pueblo? Se me ocurre que podríamos hablar de los cubanos. De ellos se suele decir que son un pueblo alegre, cantador, bailador y fiestero. Que son grandes artesanos, con manos precisas capaces de enrollar un puro mejor que nadie, o capaces de hacer una cirugía milimétrica. Llevan la música en la sangre, por eso son excelentes músicos y bailarines privilegiados. Se dice que no hay cubanas feas, y por lo tanto no hay cubanos tristes. Pero, ¿todo esto es cierto? No necesariamente. No todos bailan y no todos son cirujanos o torcedores de tabaco. No todos son felices y no todos se la pasan cantando. Pero el punto es que estos rasgos no necesitan estar presentes en cada individuo, sino en la percepción propia (y ajena) de la personalidad de un pueblo. Es más, si le preguntas a un cubano que no sabe bailar si los cubanos son bailadores, te dirá que sí. Y no significa que ese cubano conoce a cada cubano del universo, sino que está consciente de los rasgos de la personalidad que todos percibimos del colectivo.

Así que antes de seguir, haré una aclaración. Y la hago porque ya escucho a varios lectores insurrectos diciendo: "Ok, pero estás generalizando". Por supuesto que lo estoy haciendo. Recordemos que estamos estudiando la personalidad de un pueblo, no de cada individuo del mismo. Y cuando se estudian los rasgos generales de un colectivo (aún si ese colectivo es pequeño), la generalización sirve como herramienta. Es como si estuviéramos en medio de una selva estudiando su composición. Sobre la tierra podemos ir descubriendo cada espécimen y su relación con los que están inmediatamente próximos. Pero si nos subimos a un helicóptero, podremos decir "esto es la selva".

Aclarado el tema, sigamos con el "malinchismo" y la personalidad colectiva. ¿Por qué los mexicanos despreciamos lo propio? ¿Por qué preferimos un producto extranjero a uno mexicano? Y aquí, mi estimado lector, viene una horrible verdad: lo que hacemos en México no siempre es mejor. O dicho de otra forma, no por estar hecho en México es mejor. La realidad es que vivimos en un mundo globalizado, competitivo y comercialmente despiadado en el que no hay lugar para productos mediocres. Y nuestra historia no nos ha ayudado a posicionarnos como expertos en algo. Suena gacho, pero así es. Estuvimos tanto tiempo en el oscurantismo católico durante el virreinato que perdimos siglos de avance tecnológico e industrial. Luego vino el siglo XIX, que esencialmente fue una guerra civil de 70 años. Otra vez, nada de avance. Luego vino el porfiriato, un momento muy importante para el punto que estoy explorando aquí. ¿Por qué? Fue una época de pacificación e industrialización; el país despertó de su sueño bélico y superó el estatus de simple productor de materias primas. PERO todos los sueños del porfiriato eran de importación. Díaz quería hacer a México a la imagen y semejanza de Francia. ¿Por qué? Los motivos no están claros, pero definitivamente los países europeos eran un buen parámetro de industrialización y avance cultural (el siglo XIX se considera el "gran siglo" de la pintura francesa y París se convirtió en la capital mundial de la cultura y las artes en ese periodo). Por otro lado, los liberales adoptaron y quisieron implementar ideas diferentes a las del régimen. Ideas de libertad, justicia social, democracia y capitalismo. Ideas con las que se habían fundado países muy avanzados, y que llevaban siglos implementando esos preceptos. Ideas que no correspondían a nuestra realidad histórica ni a nuestra primitiva personalidad colectiva. Octavio Paz lo explica mejor, leamos:

> La imagen que nos ofrece México al finalizar el siglo XIX es la de la discordia. Una discordia más profunda que la querella política o la guerra civil, pues consistía en la superposición de formas jurídicas y culturales que no solamente no expresaban nuestra realidad, sino que la asfixiaban e inmovilizaban [...] Cortados los lazos con el pasado, imposible el diálogo con Estados Unidos [...] estábamos reducidos a una imitación unilateral de Francia —que siempre nos ignoró— [...] La fecundidad del catolicismo colonial residía en que era, ante todo y sobre todo, participación. Los liberales nos ofrecieron ideas. Pero no se comulga con las ideas, al menos mientras no encarnan y se hacen sangre, alimento.
>
> [Paz, Octavio. El Laberinto De La Soledad. Fondo De Cultura económica, 1990.]

Por lo tanto, nuestro primer siglo de "independencia" se nos fue en tomar partido por una de dos posturas: ambas extranjeras.

Después vino el siglo XX, otra vez violencia, ruptura y una búsqueda de ideas que nos definieran como país. La violencia se extendió por años, se nos atravesó una guerra mundial y finalmente el recién fundado PNR (después se convertiría en el PRI) logró restaurar la estabilidad y reiniciar la industria que llevaba casi dos décadas dormida por la Revolución. El partido hegemónico desde el principio tuvo políticas altamente proteccionistas, ya que el país necesitaba recuperarse de las constantes guerras, fortalecer su mercado interno y ya con cierta fuerza, participar en el mundo. A esta etapa se le conoció como "Desarrollo estabilizador" o "el milagro mexicano". Pero las políticas proteccionistas tuvieron su costo. Al limitar las importaciones y promover la creación de todo tipo de productos dentro del país (incluso productos en los que no habían expertos), el mercado interno se fortaleció, pero eso no quiere decir que la calidad de la producción fuera real. Y esto fue mucho más claro cuando el mundo se empezó a conectar más, cuando empezamos a conocer los mismos productos pero hechos en Japón, China, Alemania o Estados Unidos: nos dimos cuenta que nuestros productos no eran tan buenos. ¿Esto era cierto en todos los casos? No. Pero recuerda, lector, que no estamos explorando los hechos sino las percepciones que surgieron a partir de ellos. Con la apertura de los mercados, lo hecho en México pasó a ser "patito", pero no podía ser tan barato como lo hecho en China. Es decir, ni tan bueno como lo hecho en Europa, ni tan barato como lo chino. ¿Estoy queriendo decir que lo hecho en México es chafa? No necesariamente. Y particularmente hoy en día que tenemos acceso a más materiales, técnicas y entrenamiento, los productos mexicanos empiezan a retomar un nivel de calidad comparable con lo extranjero. El problema es que nuestra percepción sobre ellos lleva varias décadas de atraso.

Esta posible explicación aplica para productos, ¿pero qué tal con las personas? ¿Somos malinchistas con la gente? ¿Admiramos más a un extranjero que a un mexicano incluso si hacen lo mismo y al mismo nivel? Nuestra percepción es que sí. No te puedo asegurar lo que pasa en la cabeza de cada individuo, pero nuestra personalidad colectiva nos empuja a creerle más a un ingeniero alemán, a un diseñador italiano, a un escritor español o a un publicista argentino. Los mexicanos nos enorgullecemos mucho del reconocimiento de nuestro trabajo en el extranjero: premios, festivales y menciones de la prensa en otros países. Nos causa más orgullo que lo digan fuera a que lo digamos en México: "lo nombraron uno de los 5 mejores chefs del mundo, y eso que fue una revista francesa". Eso quiere decir dos cosas. Una, que actualmente hay muchos mexicanos que funcionan, compiten y triunfan en los más altos niveles. Dos, que nuestra percepción del triunfo no está relacionada con el trabajo que hacemos sino con la nacionalidad del crítico que lo alaba.

En nuestro futbol actual tenemos gente triunfando a los más altos niveles. Pero ante la oportunidad de hacer un equipo ideal, tal vez pondríamos no pondríamos a jugar a Chicharito (con sus más de 100 goles en Europa y el récord de goleo de la selección mexicana), a Héctor Moreno o a Carlos Vela. No lo sé, pero tengo la sensación de que escogeríamos a Morata, Barzagli y Verrati porque sus éxitos, aunque similares a los de los nuestros, se ven engrandecidos por el hecho de no llevar la etiqueta de "mexicano".

TARJETA ROJA

NUESTRO CULTO A LA DERROTA

16 de junio de 1993. Copa América de Ecuador. México participa por primera vez en el torneo más antiguo del mundo y debuta contra Colombia, uno de los mejores equipos sudamericanos del momento. Lo que los colombianos no saben es que se enfrentan a una de las mejores selecciones mexicanas de la historia. Colombia abrió el marcador en el primer tiempo gracias a un tiro del "Tren" Valencia que provenía de un grave error de Ramírez Perales. Pero México empató justo al inicio del segundo tiempo con gol de Luis Roberto Alves "Zaguinho", el hijo de Luis Alves "Zague", aquel brasileño que jugó en el América. Y con el gol como empujón anímico, México se lanzó al frente con todo. Una y otra vez llegaba el equipo. Ramón Ramírez destrozaba la banda izquierda y alcanzaba constantemente la línea de fondo. Y justo en el momento de mayor tensión, cuando México parecía a punto de darle la vuelta al resultado, al minuto 75 se apagó la luz de una de las torres del estadio. El partido estuvo detenido por muchísimo tiempo, suficiente para que Colombia descansara y replanteara su estrategia. Cuando el partido se reanudó, la intensidad del juego había bajado significativamente. Y fue hasta el minuto 87 cuando, después de un mal control de parte de Jorge Campos, Aristizábal remató a portería y Ramón Ramírez la sacó de la raya. El árbitro, que tenía la visibilidad tapada por varios jugadores, decidió darle el gol a Colombia y pitó el final del partido tres minutos después. El resultado final: Colombia 2 - México 1

29 de junio de 2014. Son los octavos de final del mundial de Brasil y a México por enésima vez le toca enfrentarse con una de las mejores selecciones del torneo, Holanda. México planteó un partido con mucho orden en la media cancha, pero sin gran arrojo ofensivo; Holanda salió a hacer lo que menos sabía hacer: defender sin el balón. Justo al inicio del segundo tiempo, el futbol le pasó factura al planteamiento de Holanda. México anotó con una gran volea de Giovani Dos Santos, el hijo de Zizinho, aquel brasileño que jugó en el América. Y con el gol como empujón

anímico, Holanda se lanzó al frente con todo. Una y otra vez llegaba el equipo holandés. Robben destrozaba la banda derecha y alcanzaba constantemente a la línea de fondo. Y justo en el momento de mayor tensión, cuando Holanda parecía darle la vuelta al resultado, Memo Ochoa se vistió de héroe una y otra vez tapando los disparos del rival. Y fue hasta el minuto 87 cuando, después de una prolongación, Sneijder empató el partido. Y en pleno tiempo de compensación, después de un desborde por la derecha, Robben cayó al pasto y el árbitro marcó penal. Huntelaar lo cobró perfecto, Holanda le dio la vuelta al partido en 5 minutos. El resultado final: Holanda 2 - México 1

El Fantasma de Machala y el #NoEraPenal son dos de los partidos más recordados de la selección mexicana. Las coincidencias de estos partidos jugados con 19 años de diferencia son asombrosas: en ambas derrotas le echamos la culpa al árbitro (sin tomar en cuenta los graves errores del equipo), el anotador mexicano era hijo de un brasileño, en ambos partidos el portero mexicano nos salvó de muchos goles en contra y los dos partidos se perdieron en los últimos minutos.

Pero lo más interesante para lo que estamos tratando de hacer en este recorrido, mi buen lector, son las diferencias.

En el partido contra Colombia, el partido se detuvo cuando México jugaba mejor, y hasta el día de hoy se toma como una de las razones por las que México perdió el partido. En el partido contra Holanda, el partido se detuvo cuando Holanda esperaba y México intentaba llegar al área rival sin mucho éxito. Hasta hoy se habla de la pausa de hidratación como un factor que le jugó en contra a México.

En el partido contra Colombia no había un claro favorito. Si bien la prensa sudamericana ponía a México como el rival más débil, la percepción del nivel de ambas selecciones era bastante pareja. Por otro lado, México llegó con la etiqueta de víctima a enfrentar a Holanda.

En el partido contra Colombia, México despertó al verse en desventaja. En el partido contra Holanda, México se paralizó al saberse en ventaja.

Mi punto es el siguiente: los mexicanos no nos sentimos cómodos con la victoria. ¡¿Qué?! Seguramente estás tentado a cerrar este libro y tirarlo a una hoguera en este punto, pero quédate un momento conmigo y te explico a lo que me refiero. México es un país que le rinde culto a la derrota por una sencilla razón: no hemos ganado nada. Y antes de irnos a la historia más antigua de nuestro país, hagamos el ejercicio de recordar los partidos más famosos de la selección nacional en los últimos 40 años:

- México - Alemania en 1986; el inicio de la "maldición" de los penales (derrota).
- México - Bulgaria en 1986; el gol de Negrete y el pase a cuartos de final (victoria).
- México - Colombia en 1993; el fantasma de Machala (derrota).
- México - Argentina en 1993; la final de la Copa América (derrota).
- México - Italia en 1994; resultado milagroso para pasar la ronda de grupos (empate).
- México - Bulgaria en 1994; los malditos penales y los cambios de Mejía Barón (derrota).
- México - Holanda en 1998; gol de último minuto para pasar a octavos de final (empate).
- México - Alemania en 1998; voltereta de Alemania y el segundo gol fallado por Luis Hernández (derrota).
- México - Costa Rica en 2001; el "aztecazo". Primera ocasión en que México perdió un partido oficial en el Estadio Azteca (derrota).
- México - Estados Unidos en 2002; primera vez en muchos mundiales que enfrentamos a un rival "cómodo" en octavos de final (derrota).
- México - Argentina en 2005; uno de los partidos mejor jugados por la selección, llevado a tiempos extra y penales (derrota).
- México - Argentina en 2006; otra vez casi le ganamos a Argentina. Gol imposible de Maxi Rodríguez (derrota).
- México - Brasil; Copa América 2007, dos golazos de México (victoria).
- México - Francia en 2010; primera vez que México vence a un equipo que haya sido campeón de la copa mundial (victoria). Cabe señalar que esta

victoria fue minimizada por la prensa y afición por tratarse de "la peor versión de Francia en la historia".

- México - Honduras en 2013; el segundo "aztecazo" (derrota).
- México - Nueva Zelanda en 2013; México tiene que ir a la repesca intercontinental para acceder al mundial (victoria).
- México - Brasil en 2014; primera vez que México logra puntos contra Brasil en mundiales con gran actuación del portero Ochoa (empate).
- México - Holanda en 2014; Robben cae en el área en tiempo de compensación en un polémico penal (derrota).

Este recuento empírico (basado en los resultados más populares en motores de búsqueda) podemos ver que de los 17 partidos más recordados de la selección (en cualquier competencia) 11 son derrotas, 3 son empates y 4 son victorias. No quiere decir que sean los partidos más importantes, relevantes o sobresalientes. Significa que son los que la prensa y afición mencionan (o buscan) más cuando hablan del recorrido histórico de la selección mexicana. Es más, nuestro culto a la derrota es tan agudo que muchas veces nos cae mejor un empate que cualquier otro resultado. Entiendo si no me quieres creer, por eso mejor dejemos que Juan Villoro nos dé su opinión:

"Fuimos perjudicados por el silbante y esto nos alejó del juego. Cuando el mexicano comprueba que la culpa no es suya, se mece en el fracaso como en una hamaca. A partir del minuto 28 había licencia para perder. Sólo así se explica que Bélgica abriera el marcador con una pelota que rebotó en las tripas de Wilmots [...] Era el momento de repasar desgracias ¿Qué justifica el masoquismo de irle a México? Pero de pronto el destino nos llevó a otra costumbre nacional: la esperanza contra los pronósticos [...] La selección mostró que afloja en lo normal y se aplica en lo imposible [...] Arellano condujo el balón en diagonal mientras señalaba la punta derecha; como buen prestidigitador, abrió a la izquierda donde Ramírez templó un centro; Cuauhtémoc se lanzó por la pelota; ya en el aire, advirtió que su cuerpo iba en una pose extraña y estiró la pierna, confiando en que la magia le regalara una hipotenusa. El balón entró a las redes como un prodigio suave. Empatamos con el coraje que exige la mitad de las canciones rancheras y

abandonamos la iniciativa con el despecho que exige la otra mitad. Si Estados Unidos tiene terror al empate, México considera que la igualada sorpresiva es una forma secreta de triunfo.

[Villoro, Juan. Dios Es Redondo. Editorial Anagrama, 2014.]

¿Todavía no me crees que los mexicanos le rendimos culto a la derrota? Vamos a ver un resumen de las batallas más recordadas por los mexicanos.

- La noche triste en 1520; se plantea como una gran victoria de "los nuestros" (en realidad solo los mexicas) contra el invasor (500 españoles más miles de indígenas). En el caso de que esta batalla haya sido verdadera, el resultado de la guerra fue adverso.
- Toma de la Alhóndiga de Granaditas en 1810; una de las "grandes victorias" del ejército insurgente, en realidad fue una masacre contra familias y civiles desarmados que derivó en la ruptura de Hidalgo con Allende y la subsecuente derrota y decapitamiento de ambos.
- Batalla de Churubusco en 1847; el ejército mexicano hizo una "heroica resistencia" ante los invasores estadounidenses (también se le podría llamar "derrota aplastante"). El general Pedro María Anaya entregó la posición.
- Batalla de Chapultepec en 1847; una de las batallas más injustas y desiguales de la Intervención Estadounidense, porque el ataque se dirigió al Colegio Militar y no a una posición guarecida por el ejército. Aún así, esta terrible derrota se conmemora con orgullo y hasta se inventaron héroes infantiles para justificar la celebración.
- Batalla de Puebla en 1862; lo relevante de esta batalla es que, en palabras de Zaragoza, el ejército mexicano se enfrentaba a "los primeros soldados del mundo". Fue una batalla ganada dentro de una guerra perdida, pero la inferioridad asumida por las tropas mexicanas fue lo que le dio lustre al resultado.

Prácticamente todas las anteriores son derrotas. Militarmente México ha tenido muy pocas victorias, y esa es una de las razones por las que celebramos las derrotas. Pero para hacerlo, hay que pintarlas con una capa de "heroísmo" y retocarlas con algo de "honor". Puede ser cierto o no, pero en todos los casos, el ejército mexicano se presenta como víctima de un invasor más preparado, más fuerte, más inteligente; en resumen, un rival superior.

Y es a partir de esa percepción de inferioridad que le damos valor al resultado de nuestras acciones: si ganamos, le ganamos al mejor. Si perdemos, es porque el rival era sumamente superior. Por eso nos sentimos tan energizados cuando la tribuna canta "sí se puede, sí se puede". El "sí se puede" es una afirmación de inferioridad, porque asume que la realidad estándar es el no poder, y arenga a los mexicanos a "poder". Muy similar a las arengas de Zaragoza en la batalla de Puebla cuando le decía a sus soldados: "ellos son los primeros soldados del mundo, pero ustedes son los primeros hijos de México". Es decir: "sí se puede, sí se puede".

Probablemente de ahí provienen nuestras expresiones favoritas para cuando México pierde un partido en el Mundial: "Jugamos como nunca, perdimos como siempre"; "Vendimos cara la derrota"; "Caímos con la frente en alto" o "Así se pierde, con honor, con la cara al sol".

Pero, ¿qué decimos cuando México gana? ¿Qué dijimos cuando México le ganó a Francia? "Es que es la peor Francia de la historia. ¿Qué dijimos cuando le ganamos a Checoslovaquia, El Salvador, Irlanda, Corea del Sur, Croacia, Ecuador, Irán o Camerún? ¿Qué significa haber ganado esos partidos? De entrada podemos ver que cuando ganamos, tenemos que venir de atrás. No nos gusta empezar ganando, nos hace sentir incómodos porque nos hace sentir superiores. Es como cuando LaVolpe dirigía a la selección hacia el mundial de 2006 y afirmó que"pasaría la eliminatoria caminando". Lo criticaron hasta el cansancio porque ponía a México en una situación de superioridad ante sus rivales, en una posición que nadie más quería asumir. Lo curioso es que incluso logrando su promesa, nunca se pudo sacudir la crítica por su "arrogancia".

Ahora. Me pregunto ¿porqué nos sentimos más atraídos hacia la derrota? ¿Por qué encontramos más gloria en la derrota que en la victoria? ¿Por qué la frase "las armas nacionales se han cubierto de gloria" no es tan popular como "si hubiera parque no estaría usted aquí"? Me parece que el factor decisivo es la influencia del catolicismo a lo largo de nuestra historia.

MENTIRA HISTÓRICA: EL SÍNDROME DEL JAMAICÓN VILLEGAS

José Villegas. Defensa de Chivas de Guadalajara, famoso por su gran habilidad y posicionamiento para controlar a cualquier delantero. Su aportación a la defensiva fue clave para que el equipo consiguiera 8 títulos de liga, además de participar en diversos torneos internacionales con el equipo. Junto con "Chava" Reyes, "Bigotón" Jasso, Isidoro Díaz, "Tubo" Gómez y "Tigre" Sepúlveda conformó la base del equipo más dominante en la historia de la liga mexicana. El nivel de juego de Villegas lo hizo una elección obvia para ser parte de la selección mexicana, dirigida por Ignacio Trelles, y que estaba a punto de disputar el mundial de Suecia '58.

Se puede decir que José Villegas era el mejor defensor izquierdo de México, y en 1957 demostró que podría ser uno de los mejores del mundo, cuando Chivas enfrentó a Botafogo en el Pentagonal Internacional Ciudad de México. El equipo brasileño hacía valer su poder ofensivo con jugadores como Didí, Mario Lobo Zagallo y Manoel Francisco dos Santos "Garrincha". Este último era el terror de los defensas, considerado desde entonces (y hasta ahora) como el mejor extremo derecho de la historia y el regateador más hábil. Incluso el IFFHS lo coloca como el 8o mejor futbolista de la historia. En ese partido, "Jamaicón" y "Garrincha" se enfrentaron frente a frente; lateral izquierdo contra extremo derecho. El brasileño lo intentó todo, pero Villegas destruyó cada uno de sus ataques en una tarde que parecía ser el inicio de la consagración internacional del mexicano.

Pero durante la gira de preparación para el mundial del '58, su fama sufrió un golpe irreversible. Se dice que a la selección mexicana le ofrecieron un banquete de gala en Lisboa. Todos estaban felices y disfrutando la noche, excepto el Jamaicón. Supuestamente lo encontraron sentado, recargado en un árbol hecho bolita y llorando con la cabeza entre las rodillas. Ante el cuestionamiento, su respuesta fue que no le gustaba la comida que les ofrecieron, que no era comida mexicana, etcétera. Aún así, Villegas fue titular en ese mundial en el que México consiguió su primer punto de la historia al empatar contra Escocia.

La siguiente anécdota que sacudió su imagen fue en la gira de preparación para el mundial de 1962, cuando México enfrentó a Inglaterra. Supuestamente, Nacho Trelles quiso probar al segundo portero "Piolín" Mota pero que éste estaba muy preocupado por lo que podría pasar. Trelles le dijo algo así como: "No te preocupes, ahí está el Jamaicón para pararlos". México perdió 8-0 con una floja actuación de la defensa, incluido Villegas (cabe mencionar que ese tipo de resultados eran normales para la selección mexicana en aquellos tiempos). Se dice que al final del partido, justificó la derrota diciendo que extrañaba a su "mamacita" y un buen plato de birria. Cabe aclarar que esta declaración no tiene sustento documental, así que pudo haber sido fabricada para fortalecer el mito de la nostalgia del Jamaicón. Aún así, Villegas jugó 2 de los 3 partidos del mundial de Chile '62, en el que México consiguió su primera victoria en la historia (3-1 a Checoslovaquia).

Y así nació el "Síndrome del Jamaicón", una nostalgia paralizante que achaca a los mexicanos cuando estamos fuera de nuestro país. Una condición de "agachones" que nos disminuye frente a lo que no conocemos. Es el fenómeno con el que hemos tratado de explicar por qué los mexicanos talentosos no logran triunfar en el extranjero. Pero, ¿qué tan verdadero es?

Ojo, mi nostálgico lector, aunque Villegas no ha desmentido por completo el contenido de este mito, sí ha hecho intentos por aclarar lo que realmente sucedió. En primer lugar, en ese tiempo no era tan común hacer giras por el extranjero. Es más, la mayoría de la población en los 50's rara vez salía el país (en Europa, por ejemplo, el tránsito de personas entre países era un fenómeno común desde mucho tiempo atrás). Todos los futbolistas mexicanos experimentaron la nostalgia, el miedo a lo desconocido y la desconfianza en esas giras. Incluso, Jesús del Muro comentó sobre Jaime Belmonte (anotador del gol del empate contra Escocia en el '58): "Era flaco, inhibido, tímido, sin mucha voz; le daba vergüenza casi todo, viajar en esos tiempos era una experiencia muy nueva y para un joven, con mayor razón. Se reía introvertidamente, ni siquiera cuando anotó se puso eufórico". *[1. Fuente: Entrevista de Carlos Barrón para Excelsior. 11-06-2013]* Entonces Villegas no fue el único que tuvo miedo ni nostalgia ni problemas de rendimiento.

Pero, ¿por qué se le cargó la mano al "Jamaicón"? Primero, creo que tuvo mala suerte. A alguien le iba a tocar y le tocó a él. Pero hubieron dos factores que fueron decisivos en que él cargara la cruz de todo el equipo: en efecto, es hombre arraigado a su tierra (sigue viviendo en "La Experiencia", barrio en el que nació y creció), orgulloso de sus raíces y reacio a experimentar otro tipo de vida. Y el segundo factor: la posibilidad de su éxito. Villegas era un Campeonísimo, el único defensa capaz de detener a Garrincha, el mejor lateral derecho del mundo, el que representó dignamente a México en dos copas mundiales.

¿Tendría sentido achacarle el síndrome a un jugador menor, sin aspiraciones ni grandes logros? Sí, tendría sentido. Tendría sentido si nuestra identidad nacional estuviera marcada por lo positivo, por la victoria y las grandes aspiraciones. Pero no es así. Teníamos que agarrar al triunfador que, sin importar su éxito, no quería dejar su tierra ni sus tradiciones ni sus costumbres. Teníamos que ponerle un lastre en la cabeza para no dejarlo crecer más, porque el éxito de un mexicano es la mayor amenaza para el mexicano a su lado. Ese es el verdadero "Síndrome del Jamaicón": esperar a que un mexicano saque la cabeza del agua para volver a hundirlo. La triste historia del Síndrome del Jamaicón habla más de nuestra sociedad que de José Villegas: él simplemente fue el mejor lateral derecho que hemos tenido; él simplemente fue un triunfador, un hombre honesto y transparente que sabía llorar por su tierra así como sus rivales lloraban por no poder pasarlo.

Amigo lector, pregúntate de la manera más honesta. ¿Has sufrido del Síndrome del Jamaicón? ¿Has visto triunfar a un mexicano y le has hundido la cabeza en el agua? ¿Recuerdas a Alexa Moreno, la única gimnasta mexicana que clasificó a Río 2016? ¿Pusiste chistes sobre su cuerpo en Facebook? Ya lo dijo Hugo Sánchez hace muchos años: los mexicanos somos como cangrejos en una cubeta: cuando uno trata de salir, los demás lo jalan de regreso.

Te invito a que cada vez que tengas la oportunidad de criticar a un mexicano exitoso sin razón, pienses en José Villegas: el futbolista mexicano a quien recordamos por una tontería, y no por sus hazañas en la cancha.

Y te invito a que tratemos de descubrir las razones que han hecho que los mexicanos estemos más cómodos en la derrota que en la victoria: el rol de la iglesia católica en la formación de nuestro pensamiento, y el miedo que le tenemos al éxito.

HASTA EL ÁREA CHICA

LA IGLESIA EN NUESTRA COSMOVISIÓN

Hace años, cuando el futbol no estaba tan desarrollado como producto televisivo, casi todos los equipos jugaban en domingo. Y por alguna razón, la mayoría lo hacía a las 12 del día. Excepto el Toluca. Carlos Calderón nos cuenta la razón.

Fernando Marcos se hace cargo del equipo Toluca a mediados de los años cincuenta [...] Marcos nota que, aunque se está jugando bien, el primer tiempo el estadio permanece casi vacío y, durante la segunda mitad, apenas empieza a poblarse. Intrigado, averigua las causas y, enterado de éstas, va a ver al párroco de la iglesia más cercana a la "bombonera" toluqueña. La situación es que la misa dominical empieza a las 12 del día, lo mismo que el partido de futbol. Cuando termina el sermón, los aficionados [...] abandonan el recinto religioso y se van como fieles devotos al estadio de su Toluca querido. Fernando Marcos acuerda con el padre [...] que el Toluca recorrerá sus partidos [...] a las 11 de la mañana, si la iglesia accede a recorrer la misa una hora después, es decir, a la una de la tarde. Ambas partes están de acuerdo y desde entonces en Toluca se juega por mucho tiempo a las 11. [Cardoso Carlos Calderón. Anecdotario Del Futbol Mexicano. Ficticia, 2006.]

No cabe duda que el catolicismo ha sido, por siglos, un asidero para el mexicano. Un refugio, una justificación, un ancla. Para bien, aceleró el proceso de asimilación de la moral occidental. Para mal, nos paralizó y nos dio una excusa para no desarrollarnos como personas.

Comentaba que la segunda gran influencia en nuestro culto a la derrota (la primera es que no hemos ganado nada) es la iglesia católica. Ojo, no estoy hablando de la religión católica, sino de la iglesia como institución y como mecanismo de poder desde la conquista hasta nuestros días.

Vamos a revisar muy brevemente la historia de la iglesia católica en nuestro país: los primeros religiosos llegaron temprano durante la conquista y empezaron a hacer algo clave en el sometimiento de los pueblos mesoamericanos: los evangelizaron. Que quede claro, esta nunca fue una labor religiosa sino parte de la maquinaria colonial, ya que la Corona no tenía la noble intención de salvar las almas de los pobres indios, sino que necesitaban un mecanismo de control para que fueran obedientes a sus nuevos amos. Y así empezó uno de los fenómenos de sincretismo más extraños de la historia del catolicismo, porque la mezcla de creencias y costumbres católicas con indígenas no se dio de manera orgánica, sino que fue creada artificialmente por la iglesia y cultivada por sus sacerdotes. Por ejemplo, así nació el mito de la Virgen de Guadalupe cuyo templo está en el cerro del Tepeyac donde antes existía un templo dedicado a Toci-Tonantzin, una de las "diosas madres" de la mitología mexica. Incluso Fray Bernardino de Sahagún en su "Historia general de las cosas de la Nueva España" describe que gran parte del culto a Tonantzin son las peregrinaciones hasta el cerro, fenómeno que sucede hasta nuestros días. El mismo fenómeno fue repetido con Tláloc, Huitzilopochtli y otras deidades; los sacerdotes derribaban los sitios de culto y sobre ellos ponían iglesias dedicadas al símbolo católico más parecido al dios que originalmente se adoraba en ese lugar. Otro fenómeno fue la adaptación del calendario de fiestas religiosas a los ciclos agrícolas de los indígenas y a su propio calendario de ritos. Fue gracias a este sincretismo forzado que los indígenas finalmente "adoptaron" la religión católica.

Por supuesto, todo el proceso fue más complicado que eso pero no quiero entrar en detalles, y sobre el tema se han escrito varios libros que lo describen mejor. En lo que quiero profundizar es en la serie de valores y estándares morales que se le impusieron a la población general de la Nueva España a partir del éxito de la transición de las religiones mesoamericanas al catolicismo.

Recordemos que la religión fue para la Corona un mecanismo de control, así que los indígenas obtuvieron del catolicismo solamente uno de sus aspectos: el de la sumisión. Y aquí, mi estimado lector, repito que esto no es una crítica a la religión sino a la institución, porque la religión promueve valores que hasta hoy consideramos correctos y tiene aspectos que empoderan al fiel. Y ese es precisamente el problema. La población general de la Nueva España sólo aprendió a "poner la otra mejilla", a ser "pobres pero honrados". La penitencia y la sumisión también eran parte del mensaje principal de la iglesia novohispana; además de que se instauró una cultura de miedo (casi terror) a través del Tribunal de la Santa Inquisición, institución que podía acusar a cualquiera de prácticamente cualquier crimen y siempre tenía la razón. La Inquisición fue el mecanismo que usó la iglesia católica para cohesionar el dominio sobre todas las clases sociales, porque fue a través de ella que tenía sometidos (por no decir extorsionados) a los criollos, judíos y ricos en general.

¿Y esto qué tiene que ver con el futbol? Bueno, si la derrota es un elemento virtuoso y heroico que está arraigado a nuestras creencias más profundas (porque la religión no fue una guía moral sino una definición de vida y cosmovisión), significa que cada vez que los mexicanos nos encontramos a una situación de competencia, nos enfrentamos con el rival y con nuestro deseo de perder. ¿Pero cómo es posible que alguien tenga el deseo de perder?, tal vez se pregunte mi amable lector. Y justo ese es mi punto con la herencia del catolicismo: la virtud del martirio.

Déjame explicarlo un poco más a detalle. La iglesia católica se aseguró de que la victoria, los logros y el éxito económico fueran relacionados con valores negativos: arrogancia, superioridad, envidia y ambición. Por otro lado, la derrota es la que muestra las mayores virtudes de una persona: honor, humildad, sacrificio, abnegación y "poner la otra mejilla".

Tal vez por eso nos enojamos tanto con personajes como Ricardo LaVolpe, Hugo Sánchez, Chicharito o Carlos Slim. Sus afirmaciones de superioridad pasan por nuestros oídos como arrogancia, y atacan nuestra sensibilidad de perpetuos mártires, cuando nuestra mayor victoria ha sido "caer con la frente en alto" (como en México '86, Estados Unidos '94, y Francia '98).

Si mi estimado lector sigue sin comprarme este argumento, te voy a poner un ejemplo tomado directamente del símbolo católico por excelencia: el crucifijo. En la versión protestante la cruz está vacía porque representa la Resurrección, es decir, la victoria de Cristo sobre la muerte. En la versión católica, Cristo aparece colgado:

desnudo, humillado, ensangrentado y agonizante: vencido. Y a pesar de que en la creencia católica también se cree en la resurrección, los ritos se centran en el sufrimiento, la agonía y la humildad ante la derrota. Sus iglesias están llenas de imágenes de sus santos, quienes no fueron elevados a esa categoría por sus creencias o sus acciones, sino por su martirio. La iglesia católica le rinde culto a la derrota, y ellos fueron los que le impartieron la "educación" e ideología a la población de la Nueva España por más de 300 años. Es imposible pensar que no estamos influidos por eso.

NOTA: Es interesante observar que los países generadores de las reformas protestantes (o que fueron muy influidos por ella) tuvieron un avance cultural, social y científico muy acelerado a partir de que la iglesia católica dejó de ser la única fuente generadora de cultura (los ejemplos más significativos son Alemania, Suiza, Inglaterra y Estados Unidos). México y la mayoría de los países latinoamericanos son producto cultural de la contrarreforma y la Inquisición.

Fuera de lugar:

Estudio de nuestros héroes.

¿Hugo Sánchez es el héroe histórico del futbol mexicano? No. Es el mejor futbolista en nuestra historia, pero la mayoría no lo percibe como un héroe. ¿Por qué? Porque no cumple con las características de un santo. No es mártir de nada ni de nadie. No le rogó a nadie por oportunidades. Hizo su propio camino y se rebeló contra el pasado. Afirmaba ser el mejor. Hablaba como "no se debe", con arrogancia y seguridad: así fue como amenazó a LaVolpe con anotarle de chilena y lo cumplió. Cuando en España le gritaban "indio", no ponía la otra mejilla: anotaba un gol y le mentaba la madre a la tribuna. Como director técnico afirmó que con tiempo, trabajo y recursos podía hacer a México campeón mundial. Ante la posibilidad de tal logro, ¿cuál fue la reacción? "No le demos tiempo ni recursos para que no ande de hocicón". Nos llamó "cangrejos", acusó al "pueblo bueno" de ser mediocre, conformista y retrógrado. Y nos dolió tanto porque en el fondo sabíamos que era verdad. No, Hugo Sánchez no fue un santo. Fue un profeta. Pero como nos enseñó el catolicismo: nadie es profeta en su propia tierra.

El tema con los héroes mexicanos es difuso. Por un lado tenemos los datos sobre sus hazañas (algunos falsos, otros verdaderos y otros supuestos), por otro lado creemos conocer sus intenciones. Y este último punto es el que hace más difícil conocer el verdadero carácter de nuestros héroes. Lo que es cierto es que hay una tendencia clara: nuestros héroes fueron víctimas. La mayoría de ellos fue elevado a categorías heroicas igual que los santos: por su martirio.

¿Un ejemplo? Cuauhtémoc, el venerado tlatoani joven. El que expulsó a los españoles de Tenochtitlán y los hizo huir hasta Tacuba. El que fungió como líder militar de los mexicas a pesar de tener solo 25 años de edad. ¿Por qué es famoso? No lo es por su liderazgo militar, ni por la fiereza de sus ataques, ni por lo breve de su reinado. Es famoso por su martirio: por los pies quemados, por permanecer estoico ante el castigo. Es famoso y recordado como héroe por parecer más un santo católico que un emperador mexica.

Otro ejemplo: Los niños héroes. Para empezar, su mito es un embrollo de mentiras, conveniencias políticas y como siempre, mecanismos ideológicos para adoctrinar a las masas. Pero, sea verdadera o falsa, a los mexicanos nos encanta esta historia. ¿Por qué? Pues es la mayor muestra de "heroísmo" (martirio) que puede uno encontrar. ¿Un grupo de niños defendiendo la patria y poniendo sus cortas vidas en juego? ¿Aventarse al vacío envuelto en la bandera para que el invasor no la tome? Con razón Miguel Alemán les hizo un altar (sí, como si fueran santos católicos) en Chapultepec.

Hay muchos más ejemplos de héroes martirizados, y muchos de ellos son falsos o exagerados (el Pípila, el niño artillero, etc.), pero otra manera de poner este pensamiento en perspectiva es fijándonos en la personalidad de nuestros villanos. Ah, otro tema escabroso. Nuestros villanos, igual que los héroes, no han sido juzgados por sus acciones sino por sus rasgos de personalidad.

¿Un ejemplo? Santa Anna. Espera, mi querido lector, todavía no quemes este libro. No estoy diciendo que sus acciones hayan sido ejemplares ni que haya sido una gran persona. Para nada. Lo que estoy diciendo es que el juicio que se le ha hecho a Santa Anna bajo la lente de la historia oficial pasa más por su arrogancia y ambición que por sus acciones. La realidad es que Santa Anna gobernó en un tiempo turbulento, violento y confuso en el que potencias como Estados Unidos vinieron a sacar provecho por la fuerza. Durante la intervención estadounidense, por ejemplo, el gobierno mexicano quedó en gran desventaja porque no sólo combatía al ejército de Estados Unidos, sino a los rebeldes tejanos, californianos e incluso una sublevación del clero en la Ciudad de México. Obviamente la guerra también se perdió por malas decisiones militares, pero yo cuestiono fuertemente si el resultado hubiera sido diferente teniendo otro gobernante (también es justo decir que el país estaba prácticamente en guerra civil desde la independencia), porque además hay que recordar que nuestro dictador favorito no "vendió" el territorio nacional (razón por la que muchos le llaman "vendepatrias") sino que perdió la guerra y entregó ese territorio como parte de la negociación.

En otros ejemplos podemos ver que los grandes villanos de nuestra historia comparten varias características: grandes ambiciones, autoestima fuerte y carisma. Piensa, mi querido lector, en Hernán Cortés, Maximiliano de Habsburgo, Porfirio Díaz y Doroteo Arango (Pancho Villa). Insisto, la historia los juzgó por sus hechos pero la historia oficial los juzgó por su personalidad.

Un ejemplo más: Chicharito. ¿Por qué será que la mitad del país odia a Javier Hernández? Porque representa todo lo que nos han enseñado que no debemos ser. Representa el éxito, la gran ambición y el carisma. Representa al clasemediero que habla inglés y que tiene que emigrar porque México le queda chico. Preferimos la historia del pobre que se levanta de la miseria para alcanzar una porción discreta de éxito, como Cuauhtémoc Blanco.

Me duele escribir esto, pero es necesario. Y te invito, mi estimado lector, a que encares la historia sin sentimentalismo; a que observes a nuestros héroes y villanos y cuestiones la posición que les hemos dado en nuestra mente. Encontrar nuestra identidad verdadera no va a ser fácil, a veces va a doler. Porque al avanzar en este camino vamos a tener que dejar ir a nuestros héroes.

CUCHILLADA ARBITRAL

Justificaciones externas para la derrota.

Que le rindamos culto a la derrota tampoco quiere decir que vayamos por la vida diciéndolo. De hecho sucede lo contrario, en apariencia somos muy patrióticos. En cada mundial nos compramos la nueva playera y nos juntamos con nuestros amigos a ver los partidos (aunque sean a las 3 a.m. como en Corea-Japón). El 15 de septiembre hacemos noche mexicana, cenamos pozole y tacos dorados, cantamos el himno nacional a todo pulmón, damos el grito con el presidente en turno (aunque llevemos matándolo todo el sexenio) y nos amanecemos escuchando música de mariachi con una botella de tequila en la mano.

Aparentemente nuestro mecanismo de defensa contra el dolor natural de la derrota es buscar culpables. Y los culpables nunca somos nosotros; la razón de nuestra derrota siempre viene de un factor externo que misteriosamente nos metió el pie.

De ahí que digamos "malditos españoles que nos vinieron a quitar lo nuestro" (además de la mentira histórica de "ellos vs nosotros"); o que le echemos la culpa de nuestras desgracias a los gringos. "Es que las intervenciones extranjeras retrasaron nuestro progreso"; ajá, y mientras no teníamos a una potencia invadiendo nuestro territorio, ¿no nos la pasamos en una interminable guerra civil?

¿Por qué perdimos en 1986 contra Alemania? Por la maldición de los penales. ¿Por qué no fuimos a Italia 1990? Por "el escándalo de los cachirules". ¿Te das cuenta que no decimos "por tramposos"? Nuestro lenguaje siempre busca una justificación que sea, o al menos parezca, externa a nosotros.
¿Por qué perdimos en 1993 contra Colombia? Por una conspiración de CONMEBOL para que los sudamericanos avanzaran en la competencia.
¿Por qué perdimos en 1994 contra Bulgaria? Porque Mejía Barón "no hizo los cambios". En nuestro amplio catálogo de excusas también solemos poner un chivo

expiatorio mexicano que justifique con sus acciones nuestra obsesión con la derrota (como nuestros otros villanos favoritos: Santa Anna, Porfirio Díaz y el PRI).

¿Por qué perdimos en 2002 contra Estados Unidos? Porque Márquez perdió la cabeza y Aguirre sólo llevó a sus amigos al mundial.

¿Por qué perdimos en 2006 contra Argentina? Porque el árbitro no expulsó a Heinze por esa falta contra el Kikín.

¿Por qué perdimos en 2010 contra Argentina? Porque Aguirre metió al Bofo Bautista y a Guille Franco en lugar de Chicharito y Cuauhtémoc Blanco.

¿Por qué perdimos en 2014 contra Holanda? Porque el árbitro le marcó un penal inexistente a Robben.

Tomemos el 2014 como referencia. Podríamos decir que la victoria de Holanda se debió a que Van Gaal le tendió una trampa a Miguel Herrera con sus cambios y el entrenador mexicano cayó en ella. También podríamos decir que el planteamiento estratégico de equipo mexicano durante los últimos 30 minutos no fue el correcto porque se dejó atacar por una de las mejores delanteras del mundo. También podríamos decir que sacar a Dos Santos al minuto 65 para tratar de cuidar la ventaja fue un error. O podríamos decir que ese día Layún y Moreno no estuvieron en su mejor nivel en el juego defensivo. Podríamos decir que ni Miguel Herrera ni la defensa entendieron que el ingreso de Depay era un anzuelo para que México reforzara la banda derecha cuando en realidad Holanda iba a atacar por la izquierda con Robben. Podríamos decir que el equipo se desconcentró después de la lesión de Moreno (que por cierto, ameritaba tarjeta roja). O que el equipo se notó mal preparado físicamente, y que probablemente Holanda estaba dosificando sus esfuerzos durante los primeros 60 minutos de partido. Podríamos decir que encima de los errores tácticos, México no tuvo suerte, pero siempre olvidamos mencionar que después de nuestro gol no tuvimos otra oportunidad clara. Podríamos decir muchas cosas, pero preferimos decir que el partido se perdió porque el árbitro marcó un penal que no era.

Esta es una parte muy importante de nuestro culto a la derrota. Es parte del rito, es juntarnos al otro día a platicar con nuestros amigos: "¿cómo lo viste?" dice uno, "no era penal" le contesta el amigo. "No, no era penal". La conversación se multiplica por millones y se lleva al infinito. Lo escuchamos en las noticias, lo vemos en los encabezados y se viraliza en redes sociales. De pronto subirse al tren de #NoEraPenal se vuelve más importante que preguntarnos qué hicimos mal. El rito se ha repetido infinitamente en otras circunstancias. Por ejemplo, en los juegos olímpicos: "¿cómo viste?", preguntas. "N'ombre, los jueces siempre son bien estrictos con los mexicanos". O en el box "si ya sabes que en Las Vegas los mexicanos siempre pierden en las tarjetas". Ese rito tiene la virtud de cohesionarnos socialmente; por un día en el año todos los mexicanos estamos de acuerdo: no era penal. Lo malo es que nos cohesiona en torno a la aceptación de nuestra falta de éxito como un fenómeno inevitable, como algo que está fuera de nuestras manos. Nuestro fracaso es algo que no podemos cambiar, sólo el árbitro puede.

Amigos, nunca vamos a ganar el mundial si seguimos inmersos en un ciclo de excusas que justifican nuestra adoración por la derrota. Aceptémoslo, no somos un país ganador. Somos el país de las derrotas honrosas; el de los héroes martirizados. ¿Qué podemos hacer? No tengo las respuestas, pero tengo propuestas. Primero hay que destruir nuestro altar dedicado a la derrota; hay que desmitificar a nuestros héroes caídos y concentrarnos en admirar a nuestros exitosos. Hay que conocer la verdad sobre nuestra historia, reconciliarnos con ella y aceptar que no hemos tenido tantas victorias como quisiéramos. Después, cada uno de nosotros tiene que aspirar a la excelencia, al triunfo, al éxito. Hay que darle victorias a nuestra sociedad para terminar de sacarnos estos complejos de la cabeza.

Y tercero, hagámonos responsables de nuestras derrotas. Te voy a dar dos ejemplos súper claros de lo que estoy diciendo:
26 de junio de 2001. México estaba teniendo una terrible actuación en la eliminatoria para el mundial de Corea-Japón. Ese día enfrentaban a Costa Rica en el imbatido Estadio Azteca. Era la oportunidad del equipo para rebotar hacia arriba y corregir el rumbo de la eliminatoria. Al minuto 6, México se fue adelante. Tenía todo a favor: el resultado con un gol tempranero, el hecho de cederle la presión del partido al rival, el Estadio Azteca lleno, y la estadística de imbatibilidad: hasta ese día, México nunca había perdido un juego de eliminatoria en este estadio. A partir de ese momento, el juego de México se fue en picada. Costa Rica presionó a un equipo

mexicano apático y confiado, y con goles al '71 y '86, consumó la primera derrota oficial para México en el Azteca. Se consumó el "aztecazo".

6 de septiembre de 2013. México estaba teniendo una terrible actuación en la eliminatoria para el mundial de Brasil. Ese día enfrentaban a Honduras en el Estadio Azteca, donde sólo habían perdido una vez, 12 años atrás. Era la oportunidad del equipo para rebotar hacia arriba y corregir el rumbo de la eliminatoria. Al minuto 6, México se fue adelante. Tenía todo a favor: el resultado con un gol tempranero, el hecho de cederle la presión del partido al rival, el Estadio Azteca lleno, y la estadística de imbatibilidad de 12 años. A partir de ese momento, el juego de México se fue en picada. Honduras presionó a un equipo mexicano apático y confiado, y con goles al '63 y '65, consumó la segunda derrota oficial para México en el Azteca. Se consumó un nuevo "aztecazo".

¿Por qué menciono estas dos derrotas que todos quisiéramos olvidar? Precisamente por eso. Porque son las dos derrotas que nunca hemos olvidado, son las dos derrotas por las que los protagonistas se hicieron responsables. No habían excusas posibles: ni el árbitro, ni el clima, ni el estadio ni lesiones ni falta de jugadores. Nada. ¿Y qué pasó después? En ambos casos se señalaron responsables y se tomaron las acciones necesarias para corregir el rumbo. En ambos casos, la derrota fue un llamado de atención que terminó en el éxito de clasificar al mundial. Eso es lo que pasa cuando nos hacemos responsables de nuestras derrotas y dejamos de señalar factores externos como única causa de nuestra desgracia. Mejoramos, avanzamos, aprendemos. Imagínate si hacemos eso como país; no con nuestro equipo de futbol sino con nuestra sociedad y nuestra historia.

El día en que digamos "el rival nos ganó en la estrategia" en lugar de "es que el árbitro marcó mal", ese día vamos a tener vergüenza por nuestro fracaso. Y esa vergüenza se va a convertir en aprendizaje, en crecimiento y mejoría. Las victorias de nuestro país son nuestra responsabilidad tanto como nuestros fracasos. El día que tengamos un poco de vergüenza vamos a dejar de pedirle al gobierno que nos resuelva la vida. Y vamos a dejar de exigir que los ricos y poderosos "hagan algo". Vamos a tomar acción, cada uno desde su trinchera. Cada uno haciendo lo que sabe hacer mejor. El país de las derrotas honrosas sólo va a ganar el mundial cuando cada uno de los 11 que están en la cancha y los millones que están fuera de ella juguemos cada minuto con la convicción de ganar y sabiendo que somos absolutamente responsables del resultado.

JUGADA DE PIZARRÓN:

EL PROBLEMA CON NUESTRA EDUCACIÓN.

En 1991, la selección mexicana reinició el proceso para clasificar a un mundial después de la vergonzosa suspensión internacional por alinear "cachirules" en la categoría sub-20. Los directivos que habían tomado las riendas de la FMF se pelearon con Televisa, le quitaron los derechos de transmisión y trajeron a César Luis Menotti a dirigir al equipo. Menotti, para ese entonces ya era uno de los entrenadores más destacados del mundo. Había sido campeón mundial con Argentina en el '78 y dirigió a equipos como Boca Juniors, River Plate, Atlético de Madrid y Barcelona. El argentino llegó a México con el propósito de revertir una racha que México acarreaba desde su primer mundial: nunca había pasado de la primera fase en mundiales organizados fuera de México. A Menotti no le tomó mucho tiempo hacer un diagnóstico preciso y acertado: "Más que calidad, al futbolista mexicano le faltaba confianza en sí mismo y para conseguirla había que trabajar en lo psicológico, y exponerlo a circunstancias que le apartaran de su zona de confort, jugar con desparpajo y confianza ante rivales de relieve y en campos ajenos."

Con eso en mente, Menotti organizó una gira de preparación que incluyó 8 partidos en Europa y muchos otros en diferentes estadios pero contra rivales fuertes, incluso considerados superiores a México. Los futbolistas aceptaron el mensaje del entrenador argentino, no sólo en lo táctico y estratégico, sino en lo mental. La selección mexicana de aquella gira jugó partidos internacionales como nunca se había visto: con gran nivel futbolístico pero sobre todo, plantándose firme contra cualquier rival; jugando de tú a tú contra equipos que antes se hubieran considerado invencibles para nosotros.

Pero las nuevas ideas generan cambios en el *statu quo*, y los cambios trastocan los intereses de aquellos que quieren mantener el poder o de quienes quieren ganarlo. Y eso fue lo que terminó con el corto proceso de Menotti en la selección mexicana.

Televisa, armada con todos sus comentaristas; directivos de equipos y hasta jugadores clave como Hugo Sánchez pusieron a la Federación bajo una presión imposible de manejar y terminaron reventando la relación con el entrenador. Según una nota de "El Tiempo" fechada en 1992, Hugo Sánchez dijo que Menotti "nos tomó el pelo a todos [...] y en su estancia en México no hizo nada extraordinario"). Curiosamente, cuando a Sánchez le tocó dirigir a la Selección, hizo el mismo diagnóstico que Menotti: el problema del jugador mexicano era la mentalidad. Sánchez terminó corriendo la misma suerte que el "Flaco": después de entablar una guerra con los directivos y medios de comunicación, acusó a todos de ser "cangrejos" y terminó destituido con más pena que gloria. Es importante decir que después de Menotti, México ha clasificado a octavos de final en todos los mundiales que ha disputado.

Se podría decir que Menotti fue el gran educador del fútbol mexicano: no vino a enseñar futbol, sino a corregir la actitud derrotista que pesaba sobre los jugadores mexicanos. Les enseñó a jugar de tú a tú, les enseñó a ganar. Jugadores como Jorge Campos, García Aspe, Claudio Suárez y Luis García al día de hoy reconocen el beneficio que tuvo en el equipo la nueva educación que en tan poco tiempo les infundió el "Flaco".

Sin duda, la educación ha jugado un rol clave en la percepción de nuestra identidad como pueblo. Y por educación no sólo me refiero a la información repartida en las escuelas, sino a las diferentes filosofías importadas que han moldeado el pensamiento de quienes diseñan los espacios culturales, los planes educativos y hasta el tipo de entretenimiento que consumimos. Todo esto es educación. O falta de ella.

La clave para entender el rol de la educación y el adoctrinamiento mental empiezan con las mentiras históricas, que nos han formado una imagen distorsionada de nuestro país. Pero, ¿quién nos ha enseñado esas mentiras? ¿Quién se ha encargado de adoctrinar a generación tras generación de niños que crecen pensando que nuestras derrotas son victorias y nuestros héroes son mártires? Formalmente, todo empieza con la "educación" que impartió la iglesia católica durante el virreinato, pero vayamos un paso atrás.

MENTIRA HISTÓRICA: LOS NOBLES Y PINTORESCOS AZTECAS.

Una de las cosas que parece afectar más nuestra relación con la historia y nuestra percepción de lo que somos, es el enorme misticismo que le asignamos a la cultura mexica (que era la cultura dominante en el centro de lo que ahora llamamos México). En los edificios públicos vemos murales, en los libros de texto vemos ilustraciones, en la calle vemos estatuas. Y siempre vemos a estos hombres fornidos, valerosos, nobles e inmutables. Luego los vemos victimizados, martirizados, casi como si estuvieran crucificados con el mismísimo Cristo. En la escuela nos dicen: "éramos aztecas"; "nos quitaron nuestra cultura" o "los españoles tenían armas más avanzadas, pero 'nosotros' teníamos más conocimientos de arte y ciencia".

Acepto que es casi imposible dejar de idealizar el pasado. De hecho es una tendencia humana totalmente natural y aceptable. Todos llegamos a una edad en la que recordamos con más romanticismo que precisión los tiempos pasados: "antes las cosas eran de otra manera"; "ya no los hacen como antes"; "en mis tiempos sí había buena música", entre otras mentiras que nos cuenta nuestro subconsciente. Lo que me parece inaceptable es distorsionar la historia a propósito, y mucho más grave, distorsionarla para fines de adoctrinamiento masivo. Vamos por partes.

El pueblo mexica era un imperio expansionista, bélico y sanguinario. Eran considerados incultos y bárbaros por los pueblos que los rodeaban y por aquellos a quienes iban conquistando por la fuerza. Su expansión más importante inició cuando llegaron al lago de Texcoco buscando mejores tierras para vivir que los lugares que habían poblado en Aridoamérica. Pero el lago ya estaba ocupado por varios pueblos más,quienes les permitieron asentarse, a pesar de que les causaban terror por sus costumbres, en dos islotes. A partir de ese momento, los marginales mexicas se hicieron fuertes en sus islas y empezaron a romper la paz con sus vecinos, con los mismos que les habían dado tierras para vivir, y a someterlos bajo su yugo. En ese tiempo, su imagen era lejana a los penachos con plumas de quetzal, los tocados de piedras preciosas, la astronomía y el arte. Eran guerreros sedientos de sangre y listos para quitarle lo que quisieran a quien quisieran.

Por supuesto que muchos años después, una vez que se convirtieron en el altépetl (asentamiento) más poderoso del lago, empezaron a desarrollar (¿o robarse de sus vecinos?) la arquitectura, la astronomía, el manejo de metales para fines decorativos y el arte. Pero los mexicas en el fondo seguían siendo aquellos bárbaros salvajes y poco refinados que destruían todo lo que tenían a su paso. Su desarrollo cultural y religioso fue en parte una estrategia política para facilitar la sumisión de otros pueblos, en un fenómeno curiosamente similar al sincretismo entre el catolicismo y las religiones mesoamericanas. Sí, igual que todas las culturas antiguas, los mexicas tenían aspectos positivos y negativos. Pero la historia oficial se ha empeñado en mostrarnos sólo el lado brillante y hermoso de una cultura que practicaba las "guerras floridas": guerras rituales que tenían el objetivo de capturar prisioneros para sacrificarlos. Y después comérselos. Sí, mi conmocionado amigo, hay pruebas suficientes para asegurar que los mexicas eran antropófagos (caníbales) y que cocinaban la carne de sus víctimas en un caldo con maíz muy similar al pozole. Te recomiendo consultar el libro "100 mitos de la historia de México" de Francisco Martín Moreno, en el que detalla este tema.

¿Educación o adoctrinamiento?

Si César Luis Menotti fue el último educador del futbol mexicano, la reacción de algunos jugadores, entrenadores y periodistas fue el claro ejemplo del adoctrinamiento nacionalista que nos pesa sobre los hombros. Los supuestos expertos afirmaban, mientras se daban golpes de pecho, que "sólo un mexicano" sería capaz de levantar al equipo. Que "era obsceno" darle la selección, nuestro cuarto símbolo patrio, a un entrenador extranjero. Que era una aberración pensar que un extranjero entendería la idiosincrasia del futbolista mexicano. En el último punto tenían razón, y precisamente en eso radicó el impacto que Menotti tuvo en tan poco tiempo: al vivir al margen de la idiosincrasia formada por el adoctrinamiento cultural ejercido sobre los mexicanos, pudo identificar rasgos de la verdadera identidad de los mexicanos. Menotti fue el primero en intuir lo que significa jugar a ser México.

Lamentablemente la educación que hemos recibido no es verdadera educación, sino adoctrinamiento. Durante la hegemonía del pueblo mexica, los dirigentes quemaron documentos históricos que revelaban el verdadero origen de su pueblo; adoptaron y transfiguraron las religiones y costumbres de los pueblos sometidos y crearon la ilusión de ser una cultura mucho más antigua y sabia. Este engaño era la base del orgullo de los jóvenes guerreros reclutados para la expansión del imperio y para las guerras rituales.

Durante el virreinato, el adoctrinamiento fue religioso pero no sólo se impartía para beneficio de la iglesia católica, sino para la conservación del régimen, para la aceptación del sistema de castas y de la enorme brecha económica entre españoles, criollos y el resto.

En el siglo XIX, el pensamiento liberal importado de Europa colisionó con el conservadurismo religioso, pero ninguna de esas corrientes se libra de la culpa de haber adoctrinado a la población con alevosía y ventaja, cuando ambas estuvieron en el poder.

Después de la revolución y a partir de la instauración de la "dictadura perfecta" del PNR (PRI), se desarrolló una máquina de adoctrinamiento mastodóntica. Una que por primera vez en muchas décadas tenía alcance nacional y podía permear en toda la población sin importar su posición social o estado económico: la educación pública.

Breve recuento de nuestras victorias y derrotas educativas

Desde tiempos prehispánicos, la educación pública ha sido una herramienta de segregación social y adoctrinamiento. No entraré en detalles de su funcionamiento, pero las culturas mesoamericanas comúnmente dividían la educación en dos tipos de escuelas: Calmécac, que era la escuela para los hijos de los nobles. Se cree que les enseñaban astronomía, medición del tiempo, rituales religiosos y los entrenaban como guerreros. Y para los hijos de los plebeyos estaba el Telpochcalli, un centro de entrenamiento riguroso y durísimo de donde salían listos para la guerra. Sin meternos más al tema, podemos decir sin duda alguna que la educación pública prehispánica tenía funciones muy específicas para la conservación de su sociedad; es decir, se limitaba a formar a los soldados que mantendrían la hegemonía del pueblo, a los artesanos que les fabricarían las armas, a los gobernantes que le darían continuidad al régimen y a los sacerdotes que sostendrían la cosmovisión predominante en la mente de cada poblador, desde el más pobre hasta el tlatoani. Con la conquista y el virreinato se dio un fenómeno interesante. Recordemos que en sus inicios, la educación en la Nueva España tuvo el objetivo de convertir a la población al catolicismo y legitimar la conquista. Este trabajo estuvo a cargo principalmente de los monjes franciscanos. Posteriormente, la educación (que siguió en manos de la iglesia católica) se dedicó a asimilar a los indios al sistema económico y de pensamiento que le permitiría a la Corona usar a sus colonias como extractores de recursos sin el riesgo de que la población se enriqueciera o generara una conciencia suficiente para rebelarse. Sin embargo, en Europa se estaba gestando la revolución de pensamiento que hoy conocemos como "La Ilustración" o el "Siglo de las luces". Durante ese proceso, la iglesia católica tuvo que cumplir una misión más a través del sistema educativo: contener las ideas liberales que amenazaban su causa. Este fenómeno fue mucho más claro cuando la iglesia católica española se adjudicó el deber de reaccionar contra la reforma protestante que había estallado en Europa; esto provocó que las radicales ideas de la contrarreforma católica se ejercieran en la Nueva España sin que tuvieran ningún tipo de contrapeso ideológico.

Uno de los primeros actos de la reforma protestante y que está relacionado íntimamente con la alfabetización de la población general, fue la traducción de la Biblia del latín al alemán, hecha por Martín Lutero como un intento de hacer llegar el libro directamente a las masas. Es importante señalar que uno de los preceptos más importantes de la reforma protestante, particularmente propagado por Juan Calvino en Suiza, era la libre interpretación de la Biblia. Calvino afirmaba que para liberar al hombre común de la opresión eclesiástica, era necesario que cada creyente pudiera leer la Biblia por sí mismo, y así decidir si estaba de acuerdo o no con la doctrina predicada por los sacerdotes. Estas ideas además coincidieron con el perfeccionamiento de las técnicas de impresión, que permitió que los libros se hicieran más accesibles para todos.

Evidentemente, gran parte de las labores de la contrarreforma fueron las de censurar este tipo de ideas. Fue una época en la que se censuraron libros, se quemaron enciclopedias y se hizo un gran énfasis en que la población se mantuviera al margen de la educación. Es muy importante recordar que la iglesia católica española fue la que encabezó la contrarreforma, porque con los datos históricos que hay disponibles, se puede notar que España era uno de los países europeos con más bajo nivel de alfabetización durante ese tiempo. De hecho, la investigación indica que la alfabetización en España y en México siguieron un patrón muy similar a partir de la segunda mitad del siglo XIX. ¿Qué quiere decir esto? Que la educación en México estaba a cargo de personas que ya habían frenado el desarrollo educativo de España. Que les tomó al menos un siglo enseñarle el castellano a la mayoría de la población indígena, y que nunca tuvieron la intención de realmente educar. No cabe duda de que en México no hubo un verdadero sistema educativo (a pesar de las escuelas, universidades, escuelas para mujeres y bibliotecas fundadas por los católicos) para la población general. Por más de 300 años, la población fue adoctrinada para ser fiel y sumisa. No existía el pensamiento científico; la teología fue lo más cercano que tuvimos a la filosofía. El pensamiento mágico de las culturas prehispánicas se mezcló descontroladamente con el moralismo forzado por la iglesia, y parieron a un rebaño de ovejas ciegas que se despeñaba cada vez que sus pastores, igual de ciegos, tomaban una decisión retrógrada. Si la iglesia nos educó para agachar la cabeza, la contrarreforma nos educó para poner la otra mejilla.

Pero, ¿qué pasó después? El siguiente hito en la historia de nuestra educación es la guerra de independencia. Pero es prácticamente anecdótico, porque lo que sucedió fue que todo se quedó igual. Recordemos la segunda mentira histórica que mencioné (los mexicanos ganamos la independencia). La independencia fue negociada por el clero y los españoles que controlaban la economía, así que su mayor interés era el de mantener el estado de las cosas. Esto significa, mantener a la población sometida bajo el yugo de la ignorancia.

Ahora te pregunto, mi curioso lector, ¿cómo podemos demostrar que la educación católica no funcionó? Una métrica que nos puede ayudar es la alfabetización. Se dice en las primeras décadas del siglo XIX, alrededor de la consumación de la Independencia, el porcentaje de analfabetismo en el país era del 98%. Si esta cifra es correcta (y aun si estuviera desviada por hasta 20 puntos porcentuales), podemos empezar a darnos cuenta que nuestro país inició su vida "independiente" con un atraso cultural y educativo de casi 200 años con respecto a los países que fueron tocados por la reforma protestante y que generaron el pensamiento ilustrado. Por ejemplo, Francia tenía un 62% de analfabetismo y Gran Bretaña un 47%.

¿Y qué tiene que ver la educación con el futbol? Bueno, primero recordemos que el objetivo de este ensayo es conocer más nuestra personalidad colectiva a través del futbol, así que teóricamente no tendría que estar relacionado. Pero curiosamente sí lo está. Los hombres más pensantes del futbol, a quienes hemos llamado "eruditos" o "sabios" nos ayudaron a acuñar una frase que explica muchas cosas: "El futbol se juega con los pies calientes y la cabeza fría". Es decir, el futbol (y para efectos de lo que queremos descubrir, cualquier deporte) es un juego mental. La estrategia, la táctica y el parado del equipo son ejercicios mentales que se hacen en frío, desde el campo de entrenamiento hasta el vestidor justo antes de saltar a la cancha. El entrenador, mucho más estudioso y maduro que los jugadores, tiene la carga mental de diseñar y planear, para que durante el partido los futbolistas lleven la carga de ejecutar. Pero los jugadores no son máquinas ni piezas de ajedrez; para ellos el futbol también es un deporte mental. Puedes tener mejores habilidades que el rival, una estrategia mejor diseñada y tácticas efectivas a la ofensiva y defensiva; pero si los jugadores le tienen miedo al rival, se asumen inferiores o se desconcentran por una falsa sensación de superioridad, es muy probable que el equipo no tenga un buen resultado. Apenas en la Copa Confederaciones de Rusia, uno de los eruditos del futbol, Jorge Valdano, hablaba de lo hecho por México en la fase de grupos. Mencionó que México remontó los 3 partidos y que eso hablaba mucho de la personalidad del equipo. Sí, de un equipo que se siente incómodo siendo superior; que no sabe ganar sin que le hagan daño. La selección de futbol de México es como esos boxeadores (mexicanos) que no "sienten" la pelea si no están recibiendo golpes. Y eso tiene todo que ver con la manera en que hemos sido educados; los valores que se nos han inculcado y con las historias que le dan forma a nuestra cosmovisión. Un ejemplo positivo de todo esto, y que detallé anteriormente es el caso de Alemania. Vuelvo a la más reciente Copa Confederaciones, en la que los alemanes presentaron un equipo alternativo lleno de jóvenes (su promedio de edad fue 5 años más joven que Chile) y sin las grandes figuras que ganaron el mundial anterior. Las críticas vinieron rápidamente. Que cómo era posible que no tomaran el torneo en serio, que los demás equipos les iban a ganar con la pura experiencia y mil cosas más. Pasaron su grupo en primer lugar haciendo una sola cosa: jugando a ser Alemania. Otra vez cito a Valdano, que durante ese partido dijo: "...es claro que el objetivo de este equipo es que esta nueva generación asimile el sistema de juego, que aprendan a qué juega Alemania". El contraste es notable. Mientras México busca su identidad hasta por debajo de las piedras, a los jóvenes alemanes les enseñan a jugar alemanes durante un torneo de alta competencia, y son capaces de ganarlo porque empiezan con una ventaja: ya saben SER alemanes. Tal vez por eso en 1990 Gary Lineker dijo: "El fútbol es un juego simple: 22 hombres corren detrás de un balón durante 90 minutos y, al final, los alemanes siempre ganan"

Sigamos recordando las idas y venidas que ha tenido nuestro sistema educativo para tratar de entender en qué fallamos y dónde están las oportunidades. Después de la revolución de independencia, todo siguió igual por un par de años, hasta que la caída del imperio de Iturbide le dio paso libre al pensamiento liberal importado por diversos personajes como José María Luis Mora y Lucas Alamán y que logró establecer primeros intentos de reformas a la educación. Y lo más importante: se empezó a teorizar sobre la importancia de darle educación a todos los estratos de la sociedad. Todo esto coincidió que la Constitución de Cádiz (que la iglesia novohispana e Iturbide rechazaban) creó un nuevo derecho: la libertad de imprenta. Se empezaron a hacer "gabinetes de lectura", se fundaron un par de bibliotecas y varias personas del sector privado empezaron a imprimir folletos políticos, científicos e informativos. Del lado del gobierno se intentó promover la lectura, se creó la Biblioteca Nacional, se estableció la educación para soldados y se le requirió a la iglesia católica impartir educación formal y gratuita a niñas y mujeres. Sin embargo, la primera escuela para hombres adultos se fundó hasta 1833, y junto con ella surgió la primera pieza de legislación relativa a la educación pública, a cargo de Lucas Alamán. La población empezó a responder positivamente a la nueva instrucción. Y aunque incluía catecismo religioso, el plan de estudios era mayormente enfocado al aprendizaje de la lectura, escritura, matemáticas básicas, dibujo y el desarrollo de habilidades artesanales.

Después vino Santa Anna con sus levantamientos, insurrecciones, planes y demás. Tomó el poder y una de sus primeras acciones fue deshacer el poco o mucho progreso que había logrado la primera república. Curiosamente, y aún cuando la educación que les habían impartido era precaria e insuficiente, los alumnos se rebelaron ante la imposición de un nuevo sistema. Ese es el problema de la educación para los grupos de poder: sacar a la población de la ignorancia es exponerte a que tengan ideas propias y a que cuestionen las tuyas. José María Luis Mora lo definió perfectamente al escribir lo siguiente:

> El progreso de esta primera enseñanza, aunque imperfectísima, no dejó de ser rápida; al cabo de dos o tres años los hombres del pueblo acostumbrados a leer y pensar, empezaron ya a tener sentimientos de independencia personal, y a sentir propensiones de sacudir los yugos que les tenían impuestos por la servidumbre colonial
> [Tanck de Estrada Dorothy. Historia de la alfabetización y de la educación de los adultos en México; capítulo IV.]

Santa Anna planteó su visión del sistema educativo a partir de la constitución española de 1812, que planteaba que los derechos políticos del ciudadano sólo eran aplicables para mayores de edad que supieran leer y escribir. Esto seguía una lógica relativamente correcta, ya que asumía que si sólo las personas con un mínimo grado de preparación participaban activamente en los procesos democráticos, éstos serían más justos y mejor pensados. Pero tenía un serio problema: no correspondía a la realidad de México, particularmente en la población rural y la más alejada de la capital. Sin embargo, ese problema no lo era en realidad si la intención del gobierno era mantener la educación en el nivel más bajo posible.

Después vino una guerra que parecía interminable entre liberales y conservadores, que se arrebataban cada que podían el poder con todo y el sistema educativo impuesto. Y así, la población tuvo que esperar hasta 1867 para que se promulgara la Ley Orgánica de Instrucción Pública, que formaba parte de las Leyes de Reforma del gobierno de Benito Juárez. Esta fue la primera legislación que le otorgó a la educación las cualidades de gratuita, obligatoria y laica. Esta última cualidad es muy importante, ya que era la primera vez que el gobierno pretendía sacar a la iglesia de las aulas en más de 300 años. Claro, que esta medida ni funcionó tan rápido ni funcionó del todo, porque sólo tenía injerencia sobre las escuelas de nivel federal. Es decir, los estados tuvieron que redactar su propia ley para hacer válido este precepto. Y recordemos que en ese entonces, el 80% de la población del país todavía era indígena y muchos no hablaban español.

Es importante considerar, mi paciente lector, que todo esto sucedió después de que Juárez puso su gobierno sobre ruedas para esquivar los ataques de los conservadores; después de la intervención francesa, después del derrocamiento de Maximiliano y después de la restauración del gobierno republicano. Es decir, el país llevaba casi una década en un completo desorden, así que este sistema educativo tuvo que empezar casi de cero.

En este punto vale la pena hacer una aclaración. ¿Qué querían los liberales? Es muy claro que los conservadores querían -obviamente- conservar el estado previo de las cosas. La religión como eje rector de la sociedad, un gobierno monárquico (o lo más parecido posible) sustentado sobre la base de un ejército aliado y la preeminencia de los fueros y riquezas de la clase alta y el clero. Por otro lado, los liberales post Leyes de Reforma eran intelectuales mayormente educados en Francia (o que habían recibido educación con esa influencia) y que estaban fuertemente influidos por el positivismo. Octavio Paz los describe a ellos y sus intentos por impulsar al país hacia el futuro.

> *Una nueva generación, heredera de José María Mora y Valentín Gómez Farías, maestro de la "inteligencia" liberal, se dispone a dar nuevos fundamentos a la nación. La primera piedra será una constitución. En efecto, en 1857, México adopta una Carta constitución liberal. La Reforma consuma la Independencia y le otroga su verdadera significación [...] Ese examen concluye en una triple negación: la de la herencia española, la del pasado indígena y la del catolicismo. Las [...] Leyes de Reforma promueven la*

destrucción de las dos instituciones que representaban la continuidad de
nuestra triple herencia: las asociaciones religiosas y la propiedad comunal
indígena. El proyecto histórico de los liberales aspiraba a susituir la tradición
colonial basada en la doctrina del catolicismo por una afirmación igualmente
universal: la libertad de la persona humana [...] La Reforma es, ante todo, una
negación y en ella reside su grandeza. Pero lo que afirmaba esa negación -
los principios del liberalismo europeo- eran ideas de una hermosura precisa,
estéril y, a la postre, vacía.
[Paz, Octavio. El Laberinto De La Soledad. Fondo De Cultura económica,
1990.]

Paz afirma que es a partir de la Reforma que México se funda como país; establece
las bases de su modernidad y de la educación que le quieren inculcar a los nuevos
mexicanos. Todo suena muy bien, hasta que nos damos cuenta que, igual que
llenar nuestra Liga de futbol de extranjeros, importar ideologías del extranjero no
siempre resulta en el mayor beneficio para el país. El problema es que México
queda, como nos dice Paz, huérfano de padre y madre. Huérfano de gobierno e
iglesia, quienes habían sido el único sustento de la frágil unidad nacional.

[...] la Revolución liberal no provoca el nacimiento de una burguesía fuerte. Al
contrario, la venta de los bienes de la Iglesia y la desaparición de la
propiedad comunal indígena [...] acentúan el carácter feudal de nuestro país.
Surge así una nueva casa latifundista. La República, sin enemigo de frente,
derrotados conservadores e imperialistas, se encuentra de pronto sin base
social. Al romper lazos con el pasado, los rompe también con la realidad
mexicana. El poder será de quien se atreva a alargar la mano. Y Porfirio Díaz
se atreve.
[Paz, Octavio. El Laberinto De La Soledad. Fondo De Cultura económica,
1990.]

EL SEGUNDO TIEMPO

Porfirio Díaz, ¿dictador o director técnico?

Con Juárez y las leyes de Reforma, el número de escuelas casi se duplicó pero la matrícula de estudiantes no se incrementó radicalmente. Aún así, los primeros pasos para una educación mínimamente formativa estaban dándose. La cosa es que el gusto no nos duró demasiado, ya que en 1876 Díaz tomó el poder y estableció un régimen centralista que alejó las posibilidades de la educación de los pobres, los estados apartados de la capital y particularmente las personas del campo.

¿Recuerdas, mi mundialista lector, los procesos eliminatorios de México después de Menotti? El del argentino fue interrumpido súbitamente y se sustituyó por Mejía Barón. Éste consiguió el histórico pase a la siguiente ronda (por primera vez en un mundial fuera de México) pero lo corrieron. A partir de ahí (y con un par de excepciones) todos los procesos eliminatorios han sido interrumpidos por la decisión de cambiar de técnico, ya sea por la (real o aparente) falta de resultados o porque el entrenador se peleó con la Federación. ¿Qué ha provocado esa constante ruptura entre el "educador" y los jugadores? Todo el mundo lo ha visto; ha hecho imposible que los jugadores asimilen un estilo de juego, una filosofía de equipo y una sensación de identidad. Lo mismo nos pasó con la educación. Los cambios de poder tan constantes y radicales fueron golpes de timón en el rumbo de la instrucción del pueblo. Esto impidió desarrollar un sentido de identidad y dio pie a que las mentiras históricas se empezaran a usar como amalgama patriótica entre la población.

Entonces, ¿qué pasó durante el porfiriato? Dos cosas importantes. La gestión de Joaquín Baranda como secretario de Justicia e Instrucción Pública, quien planteó la necesidad de que todos los ciudadanos tuvieran la misma educación. México seguía siendo un país desarticulado; varios Méxicos en un sólo territorio, cada uno con sus necesidades e idiosincrasia, casi todos con muchas carencias. El objetivo de Díaz y

Baranda era el correcto, estandarizar la educación en todo el país para darle un sentido más fuerte de identidad y un estándar la forma de pensar y actuar de todos los mexicanos. Así, la educación fue uno de los pilares de la pacificación del país por parte de Díaz, que consideraba que la anarquía vivida en el siglo XIX era lo primero que se tenía que ordenar para que el país se modernizara. Es importante decir que Díaz hizo uno de los primeros censos oficiales del país. De él llaman la atención dos datos: el nivel de alfabetismo era del 14% para 1895 (países como Gran Bretaña o Francia estaban entre el 70 y 80%; otros como España o Italia estaban cerca del 40%). Sin embargo, la esperanza de vida promedio era de 26 años y al menos el 50% de la población no hablaba castellano sino lenguas indígenas. Así que definitivamente la lectura y la educación no eran prioridades para la población general. Por esta razón, Díaz dejó un poco de lado el tema de la educación y primero se dedicó a establecer el orden y la paz en el territorio nacional.

En su ejecución, el sistema educativo seguía siendo raquítico. No habían recursos para establecer suficientes escuelas ni para tener demasiados maestros. Joaquín Baranda y Díaz se dieron cuenta de la necesidad de educar mayormente a los adultos, particularmente para que hicieran carrera dando clases. Con esto en mente, y con la gran influencia del suizo Enrique Rébsamen y el alemán Enrique Laubscher (otra vez importando ideas extranjeras) se fundaron varias escuelas Normales en el país.

El proyecto educativo porfirista fue culminado por un personaje muy importante en la versión moderna de la educación en México: Justo Sierra. Fue el fundador de la Secretaría de Instrucción Pública y Bellas Artes de México y de la Universidad Nacional de México (después UNAM). Sus ideales inicialmente fueron puramente positivistas. Pero al paso de los años integra a su pensamiento el "escepticismo", que realmente era un intento por reconciliar la religión con la ciencia. Esto fue decisivo en el tipo de modelo educativo que quiso moldear retomando una versión modernizada de la filosofía positivista de los liberales de mitades del siglo XIX, menos dogmática y más abierta a la exploración de lo humano y la historia; pero que también retomaba la tradición católica que paralizó el avance de la educación por siglos.

Durante la gestión de Sierra, y todavía bajo el régimen de Porfirio Díaz, se fundó la Universidad Nacional de México, que después se convertiría en la UNAM. Y para no hacer la historia más larga, diré lo siguiente: en el porfiriato se hicieron grandes intentos por unificar al país a través de la educación, pero el proyecto tuvo dos problemas: 1. El adoctrinamiento real se daría en la educación para niños, lo cual iba a tomar mucho tiempo y como todos sabemos, pocos años más adelante vino la Revolución; 2. Los modelos propuestos, al igual que los traídos por los liberales 50 años antes, no correspondían a la realidad del país. Se hizo un gran énfasis en la educación superior (sobre todo a finales del régimen) y universitaria, pero México era un país en el que ni el 20% de la población había sido escolarizada. Es decir, quisieron meter gol cuando el balón todavía estaba atrás de la media cancha. Con estas medidas, sólo se beneficiaron las poblaciones urbanas de clase media y alta porque eran los pocos que tenían acceso a los grados de escolaridad que permitían acceder a una educación superior. Si acaso el fruto de los esfuerzos del porfiriato fue la estandarización del español como idioma corriente en casi todo el país, un factor de unidad que terminó de cortar los lazos con el pasado prehispánico.

La Revolución: ¿Zambombazo o tirititito?

El futbol mexicano tiene paralelos asombrosos con nuestra historia. Particularmente la selección nacional guarda un parecido enorme con el México de la Revolución. Después de Menotti, el pacificador, lo que hemos tenido es una serie de caciques que se disputan el control económico y deportivo del equipo; y que al estilo revolucionario se lanzan arengas en los medios, se dan puñaladas por la espalda, se hacen proclamas, levantamientos y "planes" ideológicos para buscar tirar al técnico a cargo y así "acceder al poder". Así es, la selección ha tenido 15 directores técnicos desde 1993 y el país tuvo 13 presidentes entre 1910 y 1930 (a pesar de que la revolución "termina" en 1917 con la nueva constitución, es hasta este año que terminan lo conflictos armados y asesinatos).

Pero en medio de toda esta revoltura y sangre, sucedió algo interesante. Justo Sierra, que había encaminado el proyecto de la educación superior con una visión menos purista del positivismo ayuda a una serie de jóvenes a fundar una asociación de pensadores que tienen la intención de luchar contra las corrientes de pensamiento adoptadas tanto por los liberales del siglo XIX como por los "científicos" del régimen porfirista. Son el Ateneo de la Juventud, formados por jóvenes humanistas que conforman su grupo, entre otras cosas, para replantear el sistema educativo. Proponen una ruptura total con el positivismo y la búsqueda de la "mexicanidad" en la educación, en las artes y en las humanidades. En una de sus conferencias, Antonio Caso puso este objetivo en una frase: "Volved los ojos al suelo de México, a los recursos de México, a los hombres de México...a los que somos en verdad".

Sus miembros se empezaron a hacer pensadores destacados en diferentes ámbitos; hombres como Alfonso Reyes, Pedro y Max Henriquez Ureña, Isidro Fabela, Julio Torri y varios más. Pero uno de ellos tomó la batuta en los intentos por reformar la filosofía educativa del país: José Vasconcelos. Con él se hicieron las reformas y programas que le darían su forma final a la educación pública del país; como rector de la Universidad Nacional ésta ganó su autonomía y se pusieron en práctica los programas de educación rural que tanto se necesitaban, ya que las escuelas primarias quedaron a su cargo. Su primera acción fue una campaña nacional de alfabetización. Vasconcelos logró conectar con el pueblo e involucrarlo en la labor de la educación. Probablemente porque su retórica partía de lo que el pueblo conocía y apreciaba: la religión. Llamó a los maestros "apóstoles de la educación" e instó a la gente a unirse a esta campaña de "redención nacional". Curiosamente, tres cuartos de siglo después de la primera reforma educativa liberal, los objetivos seguían siendo los mismos: alfabetizar y educar a los adultos, así como capacitarlos en oficios para formar una base trabajadora sólida. Lo curioso de que los objetivos fueran los mismos es que claramente llevaban más de medio siglo sin cumplirse.

Durante el gobierno de Álvaro Obregón, a Vasconcelos se le aprueba la creación de la Secretaría de Educación Pública, con suficientes recursos para contratar maestros e imprimir libros de texto. Finalmente, la educación moderna había nacido. Desafortunadamente, Vasconcelos dejaría la Secretaría sin poder demostrar los resultados de sus programas. Esto promovió que sus sucesores los fueran abandonando gradualmente y que la educación tomara otro rumbo. Finalmente,

Vasconcelos terminó enredado en la política perdiendo elecciones por aquí y por allá e incluso se convirtió en el vocero del radicalismo católico que apoyaba la ideología nazi desde una publicación.

Con Lázaro Cárdenas, se termina el debate sobre el carácter laico de la educación, que llevaba décadas en los círculos de poder. La reforma de Cárdenas la dota de un carácter socialista, racional y libre de cualquier doctrina religiosa. Durante su gobierno, se publicaron libros de texto inspirados en las obras socialistas de la URSS que integraron el programa educativo. Con títulos como "La Revolución en una etapa de madurez social" o "Manifiesto a la nación", inició la etapa moderna de la educación en México: la escuela como centro de adoctrinamiento ideológico.

Fue a partir de entonces que se creó la narrativa oficial sobre nuestra historia e identidad. Se crearon mentiras históricas, se oficializaron otras. Se rompió finalmente el lazo que unía al gobierno con la religión y a ambos con el pueblo. Y de los restos salió al más puro estilo soviético papá gobierno, listo para llevar al pueblo de la mano a donde ellos quisieran. Fue necesario fabricar héroes, inventar victorias y dignificar las derrotas y el tiempo perdido (como la Revolución). La identidad mexicana del hombre y mujer cada vez más urbanos y cada vez con menos distinción racial entre indio, español, mestizo y demás, se empezó a crear. Se construyó otra vez, como tantas en el pasado, sobre la base de una ideología de importación; sin reparar en el sustento que ella tendría en la realidad del mexicano, que apenas se recuperaba de otra guerra civil (que por cierto incluyó la guerra cristera, un levantamiento católico impulsado por el clero y apoyado por Vasconcelos) y que además de la supervivencia en un país empobrecido, se seguía preguntando "¿qué significa ser mexicano?"

A partir de ese momento, el PNR (después PRI) institucionalizó la identidad mexicana a través de la educación y la cultura. Sentó las bases de su ideología en libros de texto gratuitos, días festivos y murales en los espacios públicos. Así, el único movimiento artístico genuinamente mexicano que hemos tenido, el muralismo, sirvió sólo para los intereses ideológicos del poder. Lo que hoy se le enseña a nuestros niños en las escuelas son mentiras. No es educación sino adoctrinamiento. Al hacerlos memorizar las fechas de todas nuestras derrotas y confundirlos con la idea de que fueron victorias por el honor mostrado, les inculcamos la idea de que es mejor perder con honor que ganar con autoridad. El adoctrinamiento cardenista creó obreros obedientes, agremiados sólo para servir como herramienta de movilización para el gobierno. Y ese mismo adoctrinamiento creó generaciones de personas obedientes, sumisas ante lo extranjero y con repulsión hacia lo nacional. Generaciones que no saben ganar, no saben ser superiores, que no saben mantener una ventaja. Es un adoctrinamiento diseñado para mantenernos con el agua al cuello y con una mano invisible siempre amenazando con hundirnos. Ir por la vida sin saber quiénes somos no nos asfixia pero nos encarcela. Al niño le cortan las alas para lograr todo lo que quiera al decirle "pero eres mexicano", así como al futbolista le cortan las piernas al decirle "pues ni que fueras alemán".

BARRIDA POR DETRÁS

EL MIEDO

Los jugadores mexicanos caminan cabizbajos hacia el centro de la cancha. En sus rostros no hay incredulidad, sino resignación. El público en el estadio le aplaude a los derrotados. Es 1986, México acaba de perder en cuartos de final contra Alemania. El mexicano es un equipo brillante, una de las mejores generaciones de futbolistas que han usado juntos la playera verde. Pero lamentablemente, también es el equipo recordado por implantar un nuevo miedo en nuestra psique futbolera: los malditos penales.

Todo estaba puesto para el mejor mundial de México en su historia. Igual que en México '70, el país se recuperaba de una duro golpe. Pero a diferencia de 1968, cuando la tragedia fracturó el ánimo del país; el terremoto de 1985 fue un factor de unidad, de solidaridad y cooperación. El escenario era inmejorable, México jugaría sus partidos en el infranqueable Estadio Azteca con una base de jugadores de carácter y garra, complementados por otros talentosos y brillantes. Parecía que el equipo tenía grandes líderes en cada línea: Pablo Larios en la portería, Fernando "Sheriff" Quirarte en la defensa, Tomás "Jefe" Boy, Javier "Vasco" Aguirre y Miguel España en la media cancha; Luis Flores, Carlos Hermosillo y ni más ni menos que Hugo Sánchez en la delantera. Las líneas eran complementadas por los talentosos Manuel Negrete, Raúl Servín, Carlos de los Cobos y el joven sensación Francisco Javier "Abuelo" Cruz.

El equipo mexicano parecía haber superado el trauma del fracaso en la eliminatoria para el mundial del '74 y de los resultados desastrosos del 78'; era una generación renovada, encabezada por el único futbolista mexicano que se había atrevido a decir que sería el mejor del mundo. El carácter enérgico de Quirarte, Aguirre y Boy en el torneo local, y el hecho de que este era un equipo casi completamente renovado, hacían pensar que la última gran derrota de la selección —quedar eliminados para el mundial del '82— también había sido superado, y que el equipo tenía líderes en la cancha que ayudarían a encarar la competencia sin achicarse.

Pero fue la FMF quien puso la primera muestra del sentimiento verdadero que había en los vestidores y en la cancha: preparó el calendario para que el segundo lugar del grupo B jugara el resto del torneo en el Estadio Azteca. A pesar de que el grupo parecía cómodo para México, el equipo arrancó el torneo sabiendo que la expectativa era que no lograran el pase en primer lugar. Pero el talento pudo más: avanzaron en primero y eliminaron a Bulgaria en octavos con un gol inolvidable de Negrete. Hasta este momento, este pase a cuartos de final ya representaba el mejor mundial de México en toda su historia (recordemos que en 1970 competían menos selecciones, por lo que los clasificados de la fase de grupos pasaban directamente a cuartos). México tuvo que viajar a Monterrey a jugar un partido decisivo contra la poderosa Alemania. El equipo se mantuvo fuerte mental y futbolísticamente, disputando un partido parejo y cerrado incluso a pesar de la lesión tempranera de Tomás Boy.

Pero al minuto '65 el alemán Thomas Berthold fue expulsado, justo lo que México necesitaba para inclinar la balanza. Con esta ventaja numérica, el equipo se fue al frente y minutos después, el "Abuelo" Cruz anotó el único gol del tiempo regular del partido. Sin embargo, y sin quedar clara la razón, el árbitro lo anuló. México cayó destruido anímicamente. La aparente ventaja numérica empezó a ser, como suele pasarle al equipo, una losa. Tanto así que en los tiempos extra, ya con los alemanes muy cansados, Aguirre se hizo expulsar de manera absurda al hacerle una falta a Lothar Mattaeus en una jugada irrelevante. Ambos equipos resistieron hasta el final, hasta los penales. Todos sabemos el resultado: Alemania ganó 4-1 en los penales. Pero la parte más intrigante de esta historia está en la lista de tiradores.

Mencioné que México se caracterizaba por ser un equipo de garra y entrega; un equipo con gente de mente fuerte dentro de la cancha. Uno de ellos salió lesionado; otro perdió la cabeza y se ganó una roja. Dos tiradores menos. Negrete pidió tirar primero. Estaba seguro que anotaría. Seguramente todos los ojos en el vestidor se fueron en ese momento hacia Hugo Sánchez. Venía de ser "Pichichi" en dos temporadas consecutivas, una con el Atlético y otra con el Real Madrid. Una de sus especialidades eran los penales (tan sólo en la Liga Española anotó 56 penales, el récord penales anotados en la Liga Española que se mantuvo por 23 años, hasta

2017). Hugo dijo que no. Tal vez fue por los calambres que tuvo durante el partido, tal vez fue por el penal que había fallado días antes contra Paraguay. No sabemos. Pero el jugador más carismático y exitoso. El jugador con un carácter a prueba de los estadios españoles que lo llamaban "indio". El que no temía decir que era el mejor del mundo le dijo a sus compañeros "no puedo".

Los otros tiradores fueron Quirarte y Servín. Todos los alemanes anotaron su penal con tiros fuertes, decididos, casi militares. Los jugadores mexicanos tiraron suave, con desconfianza. Tal vez sintieron que sus líderes los habían abandonado a su suerte. O tal vez simplemente estaban apabullados por la situación. Negrete, el único que anotó su penal en esa ronda, describió la sensación del vestidor mientras se cuestionaba, décadas después, qué había pasado con sus compañeros.

> *"Me pregunto –dice Negrete– por qué no fuimos campeones del mundo. Y creo que la respuesta es porque no tuvimos la capacidad individual para afrontar ese compromiso. Claro, enfrentar a Alemania no es fácil, pero creo que nos dimos por vencidos… Tomás (Boy), un jugador con mucha experiencia, acostumbrado a tirar pénaltis, simplemente dijo: 'Yo ya no puedo más'. Javier Aguirre se equivocó haciéndose expulsar de una manera muy tonta, cinco minutos después de que habíamos ganado superioridad numérica con la expulsión de (Thomas) Berthold. A Hugo Sánchez le seguía pesando el penalti fallado contra Paraguay… Dijo que estaba lastimado, incluso le estaban dando masajes, ¡pero podía haber tirado el penalti! ¡Teníamos para ganar!".*
> *[Pérez Rembao Rodrigo. "A 30 años del golazo", artículo publicado en GQ magazine, 2016.]*

Ese día pasó otra cosa que sería muy importante en el futuro de la selección mexicana. Ese día, y con el recuerdo del penal fallado contra Paraguay, nació uno de los miedos más arraigados de nuestro futbol: los malditos penales.

Maldición del superlíder

Quiero detenerme un momento para recalcar una aclaración, mi herido lector. Es importante recordar que en la generalidad de este libro estamos hablando de la personalidad colectiva de los mexicanos, no necesariamente (por ahora) de sus logros individuales. Esto lo digo porque, desde mi punto de vista, la derrota de 1986 contra Alemania no es una muestra de alguna carencia o incapacidad de los jugadores involucrados, sino que es un fenómeno que aparece cuando formamos un grupo. Es una personalidad que emerge cuando nos dejamos de llamar por nuestro nombre y lo cambiamos por "México". La prueba de esto es que varios jugadores del equipo del '86 siguieron su carrera con un gran éxito, incluso algunos fueron contratados para jugar en Europa, situación que era muy inusual para los jugadores mexicanos en aquella época. Y no olvidemos a Hugo Sánchez, que después del mundial se confirmó su lugar como el mejor '9' del mundo y siguió ganando premios individuales y rompiendo récords que permanecieron imbatibles por décadas.

Pero, ¿cómo es posible que un equipo formado por jugadores ganadores tenga una personalidad perdedora? Hay muchas teorías al respecto, pero la mayoría coinciden con que es un tema de la "mentalidad" de los jugadores. Pero si esto fuera suficiente para explicarlo, hubiéramos ganado el mundial del '86 y hubiéramos avanzado más en el del '94. No creo que sea la mentalidad de cada jugador, porque no son homogéneas. Es decir, la historia, la educación y la relación con la victoria son absolutamente diferentes en cada persona. Lo que tenemos en común es la historia, la educación y la relación con la victoria del colectivo llamado México.

Aquí es donde convergen muchas de las cosas que he mencionado en los capítulos anteriores. Si ponemos en una licuadora nuestra historia, la incomprensión de nuestro linaje, la influencia católica en nuestra visión de la derrota, la imitación de sistemas sociales ajenos a nuestra realidad y nuestra educación llena de mentiras propagandísticas, ¿qué obtenemos? Samuel Ramos, en su famoso ensayo de 1934, "El perfil del hombre y la cultura en México", habló de un complejo de inferioridad. Octavio Paz habló del mexicano cerrado hacia el exterior, ensimismado y solo.

Mi interpretación es la siguiente: el resultado de nuestra herencia cultural es el miedo a las alturas. Nos da miedo el triunfo. En el fondo, no queremos levantar el trofeo de campeones porque le tenemos miedo al enorme esfuerzo que implica llegar ahí. Y le tenemos miedo a la gran responsabilidad que implica defender el campeonato con categoría y autoridad. Dicen que entre más alto llegas, más duele la caída. Y con nuestra historia llena de golpes, heridas y mutilaciones, ¿quién quiere arriesgarse a sufrir? Me parece que México no lleva una losa en la espalda, como muchos podrían pensar. Creo que nuestra historia es la de un pueblo que vive al pie de un gran risco. En la cima está el éxito que queremos, están los sueños de grandeza y fortuna. Pero cuando lo empezamos a escalar y volteamos hacia abajo, todo lo que vemos es la caída.

sino que siempre hemos vivido al borde del precipicio. No es que no podamos levantar la cabeza y ver hacia adelante; al contrario, constantemente lo hacemos pero todo lo que vemos es el terror de la caída. Cuando vemos hacia abajo estamos viendo hacia atrás, a nuestro pasado. Un pasado borroso, una delgada telaraña de mentiras que no soporta el peso de nuestra caída. Por eso es mejor caer pronto. Caer desde donde otros han caído, porque ya vimos que ellos sobrevivieron al impacto.

Golpe anímico: todas nuestras maldiciones

Tal vez es nuestro pasado indígena. Tal vez es por el arraigo cegador del catolicismo. O tal vez sea por el sincretismo con el que mezclamos ambas. Es más, tal vez hoy en día y sin darnos cuenta estamos haciendo una especie de sincretismo entre el catolicismo y la vida moderna. No sé qué sea, lo que es seguro es que el futbol es el lugar en el que nos seguimos dando permiso de ceder a miedos absurdos y supersticiones que justifican nuestras derrotas. El fantasma de Machala, los malditos penales, el quinto partido, el balón parado, el síndrome del Jamaicón, el último minuto y hasta el vudú persiguen a una selección que, a falta de una identidad fuerte, se esconde tras una serie de miedos preconcebidos, mañosamente disfrazados de "maldiciones" para que gocen la condición de ser inevitables. "¿Cómo vamos a ganar si tenemos la maldición de los penales?" Las excusas metafísicas para perder un partido de futbol tienen un parecido peligroso con las limpias y las peregrinaciones masivas. No tenemos éxito porque "estamos salados"; no podemos dejar de tomar porque "no hemos ido a jurarnos"; no encontramos trabajo porque "las cosas no se han alineado". Todo es producto del miedo. ¿El miedo a qué? podrá preguntarse mi estimado lector. El miedo a la caída, al ridículo, al juicio del ojo público. Los mexicanos le tenemos más miedo al éxito que al triunfo, por eso inventamos tantos misterios que esconden las razones de nuestras derrotas. ¿Te acuerdas de la eliminatoria mundialista de Haití para el mundial del '74? Los medios, siempre en busca de polémica, alimentaron el ambiente con presión y tonterías supersticiosas. En los partidos de preparación se acumularon derrotas. México llegó a Haití no sólo en calidad de favorito, sino que era el rival a vencer por todos los demás. El hostigamiento de los locales se combinó con las teorías de los medios, y algunas personas empezaron a creer la teoría de que a México le estaban haciendo magia negra. Borja se lesionó. Puente, el segundo portero, tuvo escalofríos y fiebre. Calderón, el portero titular se cortó la mano con un vaso que se rompió mientras intentaba brindar (otra versión es que fue tratando de abrir un refresco). El segundo partido se tuvo que jugar, como por arte de magia negra, con el tercer portero. En todos sus partidos México dominaba el juego, pero la pelota constantemente pegaba en los postes. El equipo jugó el último partido bajo una presión terrible, como nos cuenta Carlos Calderón:

> *El punto culminante se da cuando un cable llega a la redacción de Excélsior en la que el gurú supremo de Calcuta afirma que la Selección Mexicana será masacrada por una turba de negros al término de uno de los encuentros del premundial. Los jugadores, espantados, salen al siguiente partido y pierden 4-0 contra Trinidad y Tobago. Ésa es la turba de negros que los masacra. México queda eliminado del Mundial de Alemania. Todo por culpa del vudú…*
> *[Cardoso Carlos Calderón. Anecdotario Del Futbol Mexicano. Ficticia, 2006.]*

Sí, en esa eliminación se dieron varios factores que afectaron el rendimiento de los jugadores. Incluso varios de ellos han declarado que nunca tuvieron miedo a la magia negra ni a los inventos de la prensa. Pero el caso ejemplifica cómo la mente colectiva de México reinterpreta los hechos para esconder la realidad detrás del miedo. Detrás de lo inevitable, de lo maldito.

Otro los miedos que acechan nuestra mente colectiva es el "último minuto". Éste se relaciona directamente con nuestro culto a la derrota, que ya vimos en un capítulo anterior. Primero es importante anotar que antes de 1970, México era un equipo que casi siempre superaba la eliminatoria pero llegando al Mundial era de los equipos más débiles, tanto así que jugó varias veces el partido inaugural contra el local, buscando que éste se luciera. El fenómeno del último minuto empezó a sucederle al equipo mexicano cuando subió sustancialmente su nivel y empezó a ser capaz de anotarle primero a sus rivales. Recuerda, mi estimado lector, que habíamos mencionado que México no se siente cómodo siendo el favorito o estando en ventaja. A México le ha pasado muchas veces que consigue una ventaja en un partido importante. Los comentaristas empiezan a hablar de todas las "maldiciones" que se acabarían si el marcador se mantiene; del récord negativo que se rompería si el equipo es capaz de aguantar la ventaja hasta el final del partido. Y de pronto el rival nos da la vuelta con tan poco tiempo restante que ya es "imposible" intentar una remontada. Como muchas otras veces, este miedo lo inmortalizaron los medios.

México juega su segundo partido en el Mundial de Chile en 1962. El rival es España [...] Faltan pocos minutos para que concluya el encuentro y México —dominando— tiene atrás a España. El marcador es de 0-0. El empate da casi por seguro el pase de los mexicanos a cuartos de final [...] El reloj indica minuto 44 del segundo tiempo. Se marca un tiro de esquina a favor de México y, Trelles, desde la banca, grita que lo tiren afuera para consumir los segundos restantes. El ejecutor, desobedeciendo, lanza el centro que es cortado por los españoles. En la transmisión realizada por Fernando Marcos [...] advierte con una frase lapidaria: —Cuidado, no hay que olvidar que el último minuto también tiene sesenta segundos.

La defensa despeja y el esférico es tomado por Gento, quien, como Pedro por su casa, se interna en el área mexicana rebasando a uno y otro defensor. Trelles, desde la banca, grita a Raúl Cárdenas que lo derribe —no hay tiempo de compensación en aquellos años —, pero Cárdenas no lo hace por caballerosidad. Gento centra y Antonio Carbajal, guardameta mexicano, grita a su defensa Jáuregui que se la deje. Éste, queriendo ser el héroe del encuentro, cabecea hacia atrás y la pelota va a dar directamente a los pies de Peiró, quien no tiene más que jalar el gatillo para anotar. Veinte segundos después el árbitro pita su ocarina.

[Cardoso Carlos Calderón. Anecdotario Del Futbol Mexicano. Ficticia, 2006.]

"Así es el futbol" es lo que dice un jugador cuando no encuentra justificación para la derrota. "Así somos", es lo que debería decir un jugador mexicano cada vez que el miedo a las alturas lo hace soltarse del risco y dejarse caer desde una altura cómoda. Así nos empató Paraguay en 1986, anotando en el minuto '85 y con Hugo Sánchez fallando un penal al '90. Así nos dio la vuelta Alemania en 1998. Así nos empató Italia en 2002, con un gol al '85. Así nos dio la vuelta Holanda, con goles al '85 y al '94. Curiosamente, el día que estoy escribiendo estas líneas México jugó contra Portugal el partido por el tercer lugar de la Copa Confederaciones 2017. México iba al frente 1-0 gracias a un autogol de Neto al '54 y a un penal detenido por Ochoa en el '16. Después del gol de México, Portugal recordó que son los campeones de Europa (en traumas no cantan mal las rancheras) y se lanzaron al frente. Remataron cuantas veces quisieron en el área chica. Ochoa, como ya es costumbre, se hizo figura del equipo. Alrededor del minuto '80 el comentarista dio el siguiente dato: En partidos de selecciones mayores de FIFA, es decir Mundial y Confederaciones, la Selección nunca ha ganado un partido de eliminación directa fuera de México. Pero al minuto '90, un error en la marca provocó el gol de Portugal. Y en los tiempos extra (que son como un último minuto gigante), otro error en el área derivó en un penal que esta vez Ochoa no pudo detener.

No le tenemos miedo al fracaso, lo conocemos de sobra. Le tenemos miedo al éxito, por eso bajamos la guardia en el último minuto. Porque es más fácil explicar la derrota que afrontar lo que viene después de la victoria. El "ya merito", el "sí se puede" y el "así es el futbol" lo demuestran.

"Oye", me podrá reclamar algún lector con buena memoria, "¿y qué pasa con el gol de Luis Hernández contra Holanda en el '98?" Lector de buena memoria, precisamente por eso el último minuto es tan representativo de nuestra personalidad colectiva. México "salva" partidos en el último minuto (en la misma Confederaciones 2017, y también contra Portugal pero en fase de grupos, México empató el partido al minuto '91). Pero no los gana. Siempre son empates "con sabor a victoria". Y siempre refuerzan el sentimiento de inferioridad, el de ser incapaces de ganar con autoridad, pero sí de "hacer la hazaña" de no perder.

El miedo a la victoria y el culto a la derrota son una combinación letal, que nos incapacita para lograr resultados en los grandes escenarios. Tal vez no es tan evidente cuando el torneo no es importante, o los rivales son cómodos. Pero los rivales cómodos y los torneos fáciles no nos ayudan a crecer, no nos hacen fuertes ni nos dan grandes lecciones. Y ya no estoy hablando de futbol. Hablo de ser grandes en ciencia, en cultura, en innovación. Hay muchos mexicanos talentosos y esforzados, pero hay una personalidad colectiva que nos da permiso de fracasar, o de quedarnos chiquitos. Sé que en este punto muchos lectores estarán indignados con lo que estoy diciendo (estoy seguro que tú no, mi fiel lector). Lo entiendo, pero es importante ser honestos con nuestra situación porque es la única forma de cambiarla. Y hablando de eso, quiero pasar al siguiente de nuestros grandes miedos: la verdad.

Gambeteando a la realidad o "el miedo a la verdad".

"La selección está para ganarle a cualquiera", es la frase que escuchamos en los comentarios deportivos desde que Menotti formó a esa selección de 1994. Cada generación mundialista, probablemente con la excepción de la de 2002, ha sido nombrada "la mejor generación de futbolistas mexicanos" por la prensa. Recientemente, en la Copa Confederaciones 2017, hubo un enojo generalizado porque México no cumplió con las expectativas de sus críticos. Sus partidos de grupo fueron así: le empató a Portugal de último minuto (rival al que nunca se le ha ganado), le ganó 2-1 a Nueva Zelanda (los "analistas" juraban que México tenía que golear al rival y criticaron los cambios en la alineación) y le ganó a Rusia. Después del último triunfo, el tono pasó de ser "este equipo no sabe a qué juega" a "este equipo seguro le gana a Alemania". Ganó Alemania, y Portugal nos ganó el partido por el tercer lugar. Ambos resultados son congruentes con la estadística histórica y con el nivel mostrado por México en la copa, sin embargo los "analistas" (y la afición en las redes sociales) lo volvieron a hacer. despedazaron al entrenador y a los jugadores, quienes a su vez se fueron contra el árbitro por no marcar un supuesto penal. A esta eliminación le llaman el "gran fracaso" del entrenador Osorio. Sin embargo, en este torneo sólo hemos podido avanzar jugando de local. Y a Portugal y Alemania nunca les hemos ganado en partidos oficiales.

Esta curiosa relación con la realidad es el pan de todos los días para la selección mexicana. Inician los torneos con expectativas irreales y casi siempre tienen el mismo resultado. Por ejemplo, en mundiales sólo 3 equipos han clasificado a cada ronda de octavos de final desde 1994; México es uno de ellos. Sin embargo, siempre lo consideramos un fracaso. ¿Por qué, si nunca hemos logrado más (con la excepción del '86, jugado en casa)? El verdadero nivel de la selección mexicana está entre el 12o y 16o lugar en el mundo, lo cual además de tener mucho mérito es un número real basado en estadísticas. ¿Tiene sentido que nos enojemos por no ganarle al primer lugar del mundo? Tiene sentido que aspiremos a ganarle, pero no podemos decir que sea una expectativa realista.

Curiosamente esa es la relación que tenemos los mexicanos con la verdad. Es uno de los mayores daños que nos han provocado la historia oficial y los sistemas educativos defectuosos: los mexicanos no nos llevamos bien con la verdad. ¿Por qué? Mi teoría es que nuestra falsa historia llena de victorias inventadas nos ha infundido un patriotismo exacerbado pero que desafía cualquier lógica. Ese patriotismo es una máscara, una farsa. Si fuera auténtico, habrían banderas adornando nuestras casa y autos todo el año, pero sólo las sacamos por una semana. Después las guardamos y vamos por la vida maldiciendo a este "país jodido". Jorge Ibargüengoitia lo puso de una manera cómica, pero muy acertada en su columna "Lo que me irrita de México":

> En primer lugar debo admitir que geográficamente hablando, México no tiene peros. [...] Nomás que tiene defectos. El principal de ellos es el estar poblado por mexicanos, muchos de los cuales son acomplejados, meticles, avorazados, desconsiderados e intolerantes. Ah, y muy habladores.
> [Ibargüengoitia Jorge, "Lo que me irrita de México", publicado en Excélsior, 1974]

"Mexico is the shit" decimos los clasemedieros agringados en una chamarra que sólo usamos en el extranjero (y sigo sin entender porqué en inglés), pero no dejamos de quejarnos de lo mal que está el país cada vez que el presidente tiene otro escándalo.

O cuando el presidente vecino dice que sólo emigra lo peor del país y que ellos sufren las consecuencias para amenazarnos de levantar un muro, nos rasgamos las vestiduras diciendo que no es cierto, que es puro "pueblo bueno" el que se va. Y sólo lo hacen para buscar una mejor vida, señor presidente, jamás con otros motivos. Se nos olvida (o no queremos reconocer) que tenemos a miles de mexicanos metidos en redes criminales en ambos lados de la frontera. Se nos olvida (o no queremos reconocer) que hemos hecho las cosas tan mal en términos económicos, que tenemos a miles de personas en condiciones de pobreza queriendo cruzar la frontera porque allá se vive dignamente de jardinero, albañil o plomero y aquí no. Huye la gente que ha sido rechazada por nuestro sistema, que les dio una educación paupérrima y casi nada de oportunidades para salir de su miseria. Eso no los hace criminales, pero eso los pone en una situación más vulnerable que a nosotros, que desde un departamento en la Ciudad de México tuiteamos *"Fuck Trump"*. Es pura negación lo que tenemos, y particularmente nos cegamos a nuestros errores y a nuestras incapacidades.

Pero, ¿qué me dices de Iñárritu, Cuarón, Chicharito, Márquez, Mario Molina, Rodolfo Neri Vela y tantos más que han triunfado como migrantes? me preguntará algún lector atento. Y qué bueno que lo preguntas por dos razones. La primera es para explicar que todos ellos son casos aislados y estadísticamente no representan al grueso de la población migrante en Estados Unidos y mucho menos en Europa. La siguiente razón es que es muy importante estudiar los casos de los mexicanos exitosos y tratar de emular o al menos entender las condiciones en que lo han logrado. Pero a eso le voy a dedicar un capítulo, así que, paciencia.

Sigamos con el tema de la verdad. ¿Tú crees que somos un país honesto? Yo creo que no. Esta relación ambigua con la verdad también se expresa en la forma en la que actuamos todos los días. Ibargüengoitia nos pone otro ejemplo:

> *El mexicano es avorazado. ¿Por qué? Probablemente por hambre atrasada. La mayoría de los mexicanos han visto tiempos peores, y la mayoría, también, espera ver tiempos todavía peores que los pasados. Esto hace que un policía parado en una esquina jugosa sea detestado por todos los automovilistas que pasan, y al mismo tiempo, envidiado por muchos.*

Lo dice de otra manera, avorazado, pero es una forma de deshonestidad. Y el punto clave de su declaración es el final: envidiado por muchos. Obviamente hay muchos mexicanos honestos, pero recuerda que estamos hablando de la personalidad colectiva y no de casos particulares. Los mexicanos usamos máscaras, no sólo para ocultar la verdad sino para evitar verla. La máscara del macho para ocultar la verdad sobre la debilidad de nuestros hombres. La máscara del patriotismo para ocultar la verdad sobre nuestra historia. La máscara de la honradez para ocultar la verdad sobre nuestra pobreza. "No se puede perder la picardía en el futbol, el engaño es parte fundamental del juego", dicen muchos ex jugadores y entrenadores mexicanos cuando se habla de integrar la tecnología al juego. La picardía es una máscara para nuestra corrupción.

Lo más grave es que cuando nos confrontamos a la verdad, tendemos a reaccionar mal. Le mentamos la madre al que se pasa el semáforo en verde porque nosotros nos queremos pasar el rojo; nos envolvemos en la bandera cuando un extranjero nos dice verdades que no queremos escuchar, o simplemente se burla de nuestra cultura como nosotros nos burlamos de los demás. No nos gusta que nos digan "malinchistas", pero en el mundial vamos por la calle con playeras de Argentina, Alemania, España, Italia y Brasil. Nos molesta que nos digan las cosas que decimos de nosotros mismos. Incluso las verdades irrefutables son demasiado difíciles de aceptar para nosotros: cuando alguien dice que Hugo Sánchez fue el mejor jugador de nuestra historia, decimos "sí pero es un mamón".

Le tenemos tanto miedo a la verdad que socialmente operamos en un modo automático de corrupción. Te voy a contar, mi querido lector, una historia personal y regresamos a hablar de fut: un sábado cualquiera iba manejando por una avenida principal y me tenía que incorporar a otra. Había un disco que marcaba la prohibición de doblar hacia la izquierda pero no lo vi. Hice la vuelta prohibida y en seguida me detuvo un agente de tránsito. Nos orillamos, abrió el reglamento de tránsito para leerme el artículo en el que se especifica la falta, me enseñó el disco que no vi y me dijo que la multa ameritaba llevarse el auto al depósito vehicular (corralón). Acepté porque no había nada que refutar. El policía se alejó a hablar por su radio, supuestamente para pedir una grúa. Cuando regresó me dijo que no habían grúas y que el único depósito con espacio para recibirme era el más lejano de la ciudad. Le dije que no me importaba esperar. Se fue a hablar por radio y me dijo "como tienes prisa, podemos hacer algo; mis compañeros que operan las cámaras de seguridad pueden borrar el video por una multa de $600". Le pregunté si era un procedimiento legítimo y cuál era la forma de pago. "Aquí me lo das en corto" me contestó. Levanté la voz y le dije que no le iba a dar "mordida". Se ofendió; "¿cómo cree, joven? No es mordida, es una aportación voluntaria. Además, ni es para mí, es para los compañeros de las cámaras". Le repetí que no tenía prisa, que me hiciera mi multa y me llevara al depósito. También le dije que llegando lo iba a reportar por actos de corrupción. Se fue a hablar por radio otra vez y me dejó ir sin multa por una falta que sí cometí. Vivimos en un estado de deshonestidad tan constante que los policías no saben qué hacer cuando alguien acepta su culpa y pide una multa. Realmente me pregunto si el oficial sabía cómo hacer una multa, porque lo normal es que el infractor participe con él en el acto de corrupción. Lo increíble del caso es que la mejor forma de evitar una multa de tránsito es ser honesto y tratar de pagarla. No tiene sentido.

Y aquí viene otra de las grandes máscaras que usamos los mexicanos para huir de la verdad: nos percibimos como gente honesta. Sí, los corruptos son los policías que piden el soborno, pero no los conductores que lo pagan. Los corruptos son los de tránsito, no los que se pasan el semáforo en rojo o circulan en sentido contrario. ¿Te ha pasado que un motociclista va en sentido contrario y cuando se lo dices te mienta la madre? Sí, a mí también. Porque a sus ojos, tú eres el idiota que no lo deja vivir, él no está haciendo nada malo. Y nuestra mejor excusa para todo: el gobierno y los políticos. Con esa máscara nos libramos de muchas verdades sobre nuestra sociedad. Aún sin conocerlos, tachamos a todos de corruptos. Cada presidente que hemos tenido se ha ido con la etiqueta de asesino, alcohólico o vendepatrias, y los ciudadanos acusadores no necesitamos ni pretendemos demostrarlo con pruebas. Simplemente son nuestra máscara, nuestra excusa, nuestro chivo expiatorio.

¿Qué verdad ocultamos detrás de los presidentes y de cualquier funcionario de gobierno? Simple. Que somos una sociedad deshonesta, mañosa y que no somos tan trabajadores como pensamos. "Pero sí son corruptos, se ha comprobado", estará pensando algún lector enojado. Sí, lo son. Nuestra deshonestidad radica en que los tratamos como si fueran de otro planeta. Pero no, los políticos son producto de la sociedad en la que nacieron y crecieron. Son lo mismo que nosotros, pero con poder. "Pero ellos roban mucho más", dicen algunos. Sí, roban más y hay pruebas para demostrarlo. Pero robar menos no significa que seas más honesto. El que hoy roba poco, evade impuestos, pone changarritos irregulares o le da mordida al policía, mañana que tenga un puesto público va a robar mucho. Seguro algún lector sigue sin creerme. Miren al presidente de Estados Unidos, Trump. ¿Acaso no representa a su sociedad? ¿Acaso no es un reflejo de su culto a las celebridades? ¿No es un presidente de *reality show* que más que gobernar entretiene? Un apunte que me causa gracia: para los mexicanos es facilísimo ver estas cosas en otros pueblos, pero no en nosotros mismos.

Y en el futbol es lo mismo, pero la verdad se filtra a través de expectativas e interpretaciones de los resultados. La verdad sobre nuestra identidad futbolística se esconde detrás de varias máscaras pintorescas y divertidas. Eso nos permite manipular la verdad para que tenga sentido con nuestro culto a la derrota. Por ejemplo, cuando le ganamos a Francia en Sudáfrica 2010 (fue la primera vez que México le ganó a un ex campeón mundial en competencias oficiales) la interpretación fue "pero era la peor Francia de la historia". Sin embargo, cuando Bulgaria nos ganó en 1994 la conclusión fue "fueron los cambios que no hizo Mejía Barón, es que no jugó Hugo, es que los malditos penales", pero nadie se atrevió a decir "pero es la mejor Bulgaria de la historia". Vamos a darle dimensión al hecho. La selección búlgara del '94 fue una excepción estadística. Antes de este mundial, sólo había clasificado a octavos de final una vez (en 1986) sin siquiera ganar un partido. Pero en 1994, una generación irrepetible conformó al equipo que quedó en 4° lugar de ese mundial. Bulgaria ha ganado 3 partidos en mundiales, todos fueron en ese torneo. Bulgaria fue un mejor equipo que México y que muchos otros durante esa pequeña ventana de tiempo, pero preferimos rendirle culto a la derrota e inventarnos misterios que la expliquen.

Descolgada por la banda

¿Realmente estamos tan mal?

México ha sido un participante constante en los mundiales; de 15 que se han festejado, ha estado en 20. Aún con el hecho de que consiguió su primer empate en su 4o mundial, y la primera victoria en el quinto; las estadísticas lo colocan en el lugar 13 del ránking histórico de la copa, lo cual lo convierte en la selección no europea ni sudamericana mejor colocada. Y desde 1994, sólo 3 selecciones han clasificado a octavos de final en cada mundial: Alemania, Brasil y México.

Todas estas estadísticas me hacen preguntarme, ¿México es malo para el futbol? ¿Nos la hemos pasado fracasando todo este tiempo? El hecho de llevar 6 mundiales consecutivos clasificando de la ronda de grupos y compartir esa estadística con las dos selecciones más exitosas de la competencia me hace pensar que nuestras participaciones han sido bastante sanas. "Oye, pero Brasil y Alemania llegaron a semifinales, finales y fueron campeones", estará pensando algún lector agudo. Sí, pero ese es el nivel de esos países, no el de México. "Pues qué mediocridad que digas que tener 6 mundiales llegando a octavos es un éxito", gritará un apasionado lector. Antes de que me mientes la madre como al árbitro, déjame explicar mi punto.

Cuando hablamos de futbol, el miedo a la verdad se traduce como la negación de nuestro verdadero nivel, y por lo tanto de nuestras verdaderas posibilidades. Y no dudo en afirmar rotundamente que este es el aspecto más peligroso del miedo a la verdad. Porque el primer paso para mejorar, avanzar y superarnos es saber en dónde estamos parados. Y para eso, hay que ser muy honestos. Pero, ¿a poco no?, cada vez que México pierde un partido, los comentaristas empiezan a insinuar que el director técnico debería ser despedido. O que los jugadores no están rindiendo y hay que cambiarlos. O que hay una conspiración mundial en nuestra contra.

El gran problema de la selección mexicana son las expectativas. No los jugadores ni los técnicos ni los directivos ni los árbitros ni el sorteo. ¿Por qué digo que son las expectativas? Porque nuestra crítica como espectadores (en gran parte alimentada por los medios) ante los resultados que aparentan ser adversos, siempre es destructiva. Cada vez que México pierde un partido oficial, nos tiramos a la depresión por el "enorme fracaso". Es un error creer que México está en un nivel futbolístico como para ganar cada torneo internacional en el que participa. Es un error decir que fracasamos por no pasar a cuartos de final cuando es algo que nunca hemos logrado. Sí, es importante aspirar a más, pero para aprender a correr primero hay que saber caminar. Para pasar al quinto partido, primero hay que entender que llegar al cuarto sigue siendo una razón para celebrar. No hay crecimiento que venga a quien tiene los ojos tapados ante la verdad. Mi estimado lector, te invito a que le veas el mérito a lo que ha hecho México en los últimos 6 mundiales, y a que recuerdes cuál fue la reacción generalizada ante el resultado.

Vámonos de regreso a 1994. México había logrado un pase agónico al mundial (recordemos que la última vez que México había estado en un Mundial por la vía eliminatoria fue en 1978), y por primera vez en la historia clasificó a octavos de final en un mundial disputado fuera del país. A pesar de perder contra Bulgaria en ese partido, el resultado fue un éxito mayúsculo. Sin embargo, la manera en que se recibió el resultado tuvo tintes más amargos. Cualquier otra selección hubiera festejado, nosotros apaleamos al entrenador y lo culpamos por no haber pasado a cuartos. Un año después, Miguel Mejía Barón fue despedido.

El siguiente mundial, en Francia 98, México pasó a octavos de final por primera vez en un mundial disputado en Europa. Además, participó en un grupo difícil donde Holanda se antojaba invencible, Bélgica era un misterio y Corea del Sur era famosa por el peligro que generaban con la velocidad de su contragolpe. En octavos perdió contra Alemania, que aunque no pasó de los cuartos de final, era una potencia absoluta en el futbol de la época. El entrenador Manuel Lapuente fue despedido el siguiente año.

El siguiente mundial, Corea-Japón 2002, México pasó a octavos de final durante el primer mundial organizado en Asia. La eliminatoria había sido difícil, y Javier Aguirre había llegado como "bombero" a salvar la clasificación. Después de lograrlo, pasó a octavos de final en primer lugar (por primera vez en un mundial fuera de México sin que se decidiera por diferencia de goles), en un grupo donde se pensaba que Italia y Croacia serían los clasificados. El entrenador Javier Aguirre fue despedido después del mundial.

El siguiente mundial, Alemania 2006, México clasificó a octavos de final ofreciendo un juego ofensivo y deslumbrante. Se encontró a Argentina en la siguiente ronda y fue eliminado con un gol irrepetible durante los tiempos extra. Es probablemente la ocasión en la que México ha estado más cerca de avanzar al "quinto partido". Sin embargo, el entrenador Ricardo LaVolpe fue despedido después del mundial.

El siguiente mundial, Sudáfrica 2010, México clasificó a octavos de final durante el primer mundial organizado en África. La eliminatoria había sido difícil, y Javier Aguirre había llegado como "bombero" a salvar la clasificación. En la fase de grupos, México le ganó a Francia siendo la primera vez que el equipo ha derrotado a un ex campeón mundial. Fueron eliminados por Estados Unidos, y el entrenador Javier Aguirre fue despedido después del mundial.

El siguiente mundial, Brasil 2014, México clasificó a octavos de final en un grupo muy difícil. Venció a Camerún (fue la primera vez que México le ganó a un rival africano en copas mundiales), empató con Brasil (fue la primera vez que México enfrentó a Brasil en torneos FIFA sin perder) y le ganó a Croacia. La eliminatoria había sido muy difícil, y Miguel Herrera había llegado como "bombero" para dirigir los partidos de repechaje contra Nueva Zelanda, así como el mundial. Fueron eliminados por Holanda, y el entrenador Miguel Herrera fue despedido un tiempo después del mundial (en condiciones muy particulares que no tienen que ver con el tema pero que sí están relacionados con la presión que se ejerce en los jugadores y entrenadores de la selección después de sufrir un "fracaso").

Eso mismo nos pasa fuera de la cancha. Las expectativas de lo que debemos ser y hacer nos pesan demasiado y nos hunden en la más improductiva inacción. El problema de la personalidad colectiva del mexicano no es que fracase en lo que intenta. No es que sea mediocre o poco talentoso. Es que nos negamos la posibilidad de la victoria porque preferimos la comodidad de la derrota. Preferimos no arriesgarnos, no atrevernos. Por eso México no es un país emprendedor. "Pero gran parte de la población es auto empleada", me dirá un lector que sospecha que nunca he salido del D.F. Y tienes razón, lector. Pero no me refiero al emprendimiento a manera de "changarros". No me refiero a poner una miscelánea o un puesto de verduras (que son negocios dignos y válidos, pero diferentes a lo que quiero expresar). Me refiero a que no estamos haciendo grandes inventos. No estamos desarrollando nueva tecnología, no estamos a la vanguardia en investigación científica. No tenemos una marca de televisores. No tenemos una marca de autos (Mastretta, la marca mexicana de súper autos deportivos fue devorada por su consejo directivo cuando los fundadores pasaron a ser socios minoritarios) ni grandes compañías de software que le compitan a Silicon Valley. Vaya, ni siquiera tenemos marcas líderes en la producción y venta de los productos originarios de México. Ejemplos: no somos líderes en la industria del chocolate. Suiza y Francia dominan. No somos líderes en la industria del tabaco, ni en cigarrillos ni en puros (este es un caso curioso, ya que el producto es originario de México y muy pronto después de la conquista el mercado se concentró en Cuba. Después de la revolución comunista, muchos productores cubanos huyeron a Honduras, Nicaragua y República Dominicana, quienes actualmente son los líderes del mercado). No somos líderes en la industria del chicle, en eso nos gana Estados Unidos y por mucho.

Ojo, podría parecer que estoy agrediendo la imagen de mi propio país pero no es así. Simplemente estoy haciendo un recuento del estado de las cosas, de la situación real en la que estamos. Ahí radica la importancia de buscar la verdad. Cuando actuamos con base en la verdad, las expectativas cambian radicalmente. No quiere decir que tenemos que aspirar a menos. No quiere decir que hay que conformarnos con pasar a octavos de final o con tener industrias mediocres. Simplemente mi planteamiento es: si aceptamos la realidad y nos ponemos expectativas basadas en ella, vamos a tener las bases y las herramientas para empezar a mejorar. En palabras más futboleras: cuando aceptemos que el nivel real de la selección mexicana está entre el lugar 13 y 16 del mundo; y que los octavos de final del mundial son el tope actual de nuestro nivel, vamos a poder sentar las bases que nos permitan estar entre los primeros 10 del mundo y meternos consistentemente a cuartos de final. Y si hacemos el mismo proceso, un día vamos a estar en la semifinal y luego en la final. Sin embargo, como ya vimos en todos los mundiales desde 1994, nuestra pobre identidad se proyecta en aspiraciones falsas de grandeza; cada mundial tenemos "la mejor generación" de futbolistas, cada mundial estamos "para ganarle a cualquiera". Por eso cada mundial es, en nuestra mente, un rotundo fracaso. ¿Y qué hacemos con ese supuesto fracaso? Reiniciar el proceso desde cero, correr al entrenador, cambiar a los jugadores y tratar de reinventar lo que significa "jugar a ser México".

"Entonces", me pregunta el abogado del diablo, "¿me estás diciendo que tenemos que aspirar sólo a octavos de final el siguiente mundial?" No necesariamente. Y ese es parte del problema. Tenemos que aspirar a ganar, pero tenemos que ser realistas con nuestras posibilidades. Sea cual sea el resultado en el siguiente mundial, lo que tenemos que hacer es autocrítica (cosa que es muy rara en los mexicanos, precisamente porque no tenemos una buena relación con la verdad) y conservar un proceso que dure hasta el siguiente mundial. Pero no un proceso cualquiera, sino uno que se dedique a identificar, sistematizar y perfeccionar el estilo de juego mexicano. "El estilo no es del equipo, es del entrenador", me dice mi mente de táctico purista, pero eso sólo aplica a clubes. Los procesos de selecciones nacionales son diferentes, son más espaciados y los torneos son más cortos. En torneos donde el camino a la final está lleno de rondas de eliminación directa, no basta con jugar bien, hay que tener fuerza mental para enfrentar la presión. Y normalmente los equipos se juntan con poco tiempo para entender y aplicar la idea táctica de un técnico. Ahí es donde la identidad del equipo se hace más importante: saber a qué juegas como equipo, como personalidad colectiva, como país.

Quítate la máscara

Los mexicanos usamos otra máscara: el humor. Tenemos fama por la ligereza de nuestro carácter y porque somos de sonrisa fácil. Los mexicanos tenemos la costumbre de pasar nuestra realidad por el filtro del humor. En el extranjero se maravillan con el hecho de que nuestra versión de "Halloween" —el día de los muertos— sea una celebración jocosa, burlona y pasada por alcohol. Nos burlamos de la muerte, hacemos chistes sobre la futilidad de nuestra existencia. Este rasgo mexicano es tan característico que Octavio Paz le dedica todo un capítulo en "El laberinto de la soledad".

El humor es importante, es uno de los pocos rasgos que unifican la idea de "lo mexicano", pero le veo un gran problema: usamos el humor para escondernos de la realidad, para no lidiar con la responsabilidad que acarrea la verdad. Usamos el humor como anestesia para las heridas de nuestra historia y de nuestras accidentadas instituciones. Pero, ¿qué tal si usáramos el humor como mecanismo para aceptar nuestra realidad? Si dejáramos de usarlo como máscara para separarnos de la realidad y lo usáramos para quitarle el velo a la verdad y para decir las cosas que "no se dicen". Estoy seguro que el humor debe ser una de las claves para encontrar la verdad, y con ella un crecimiento y un acercamiento a nuestra identidad. Como siempre, el futbol se encargó de darnos esta lección durante el Mundial de 1978:

> La Selección Mexicana llega con gran entusiasmo a Rosario [...] a jugar el Mundial de 1978. Tras una eliminatoria invicta y varios partidos de preparación con excelentes resultados, hacen creer a la afición —y a ellos mismos— que harán un extraordinario papel.
> El primer encuentro se juega contra Túnez, que parece el rival a modo para ser goleado. Sin embargo, la Selección Mexicana pierde estrepitosamente 3-1.
> El segundo encuentro se juega en Córdoba ante la Selección Alemana. El estadio se encuentra casi a su máxima capacidad: 45 mil espectadores que lanzan vivas, papeles multicolores y aplausos a los dos contendientes. [...] Las acciones se desarrollan siempre a favor de Alemania. México parece un cachorrito perdido en la mitad de la cancha; su futbol sin orden y sin sentido no causa la más leve molestia al conjunto ario.
> Al minuto 14, cae la primera anotación en contra de los mexicanos. A los 38, el marcador ya es un contundente 3-0. Ante esto, el portero Pilar Reyes que no la ve venir, o más bien, que la ve venir demasiado, fastidiado, agobiado por la ya inminente goliza, decide que no puede dar más de sí… Corre el minuto 42 del primer tiempo cuando solicita su cambio. Una lesión —

dice— *le impide continuar el partido. En su lugar entra Pedro Soto, el*
cancerbero suplente. Pilar, dolido en el orgullo ante el desastre, se coloca en
una plancha que hay en el vestidor y se recuesta. No sabe más del partido,
sólo escucha los gritos de la gente cada vez que se desarrolla una jugada de
peligro. Le parece, además, que tres de esos gritos se corean como gol, pero
nada más.

Al término del encuentro, el primero en arribar a los vestidores es
Pedro Soto que, con la sonrisa franca, entra alardeando:

—¡Empatamos! ¡Empatamos

Pilar Reyes, que alega que no se puede mover por la lesión, se para
impulsado como un resorte para brincar y abrazar a su compañero. Su gusto
es inmenso.

—Empatamos, en verdad empatamos —responde sonriente.

—Sí —contraataca Soto—. A ti te metieron tres y a mí otros tres —
termina de contarle mientras suelta tremenda carcajada. Ante la derrota sólo
queda el humor de Soto que sabe que la lesión de su compañero de combate
es ficticia.

[Cardoso Carlos Calderón. Anecdotario Del Futbol Mexicano. Ficticia, 2006.]

¿Por qué me parece un gran ejemplo del uso del humor para alcanzar la verdad y
crecer? Parece ser que Soto, a diferencia de los periodistas y el resto del equipo,
entendía el verdadero nivel del equipo. Tal vez sabía que, a pesar de la buena
eliminatoria, no era realista pensar en obtener un mejor resultado contra Alemania.
En su manera de encarar el resultado con humor no pretendió esconderse de la
realidad, sino que hizo mofa de ella para desenmascarar la verdad sobre la lesión
de su compañero.

Mi estimado lector, te invito a que pienses en esto: ¿has usado el humor como
analgésico contra la realidad? ¿Qué tal los memes cada vez que agarran a un
gobernador robando? ¿Los compartes? Si es así, ¿para qué los compartes? ¿Para
burlarte, para tratar de aligerar la situación, o para buscar cambiar esa realidad?

LA CAMISETA BIEN PUESTA:

¿QUIÉNES QUEREMOS SER?

En el '78 fuimos un equipo pintoresco y exótico, comandado por las melenas descomunales de Leo Cuéllar y Hugo Sánchez. En el '86 fuimos un equipo aguerrido, incómodo y mordelón empujado por Quirarte, Aguirre y Boy. En el '94 fuimos un equipo serio y ordenado, con mucho talento en los pies de Luis García, Ramón Ramírez, Jorge Campos y Hugo Sánchez, todos ellos contenidos en un sistema conservador resguardado por jugadores como Claudio Suárez, "Nacho Ambriz", Alberto García Aspe y Marcelino Bernal. En el '98 fuimos un equipo luchón, aguerrido y que se sentía cómodo viniendo de atrás. Esta vez, y todavía jugando con un sistema más bien conservador, brillaron más los jugadores talentosos como Cuauhtémoc Blanco, "Cabrito" Arellano, Ramón Ramírez y Pável Pardo. En el 2002 fuimos un equipo veterano, parejo y más individualidades que los viejos jugadores que le entregaban la estafeta a la nueva generación, encabezada por Jared Borgetti. Un equipo pasado por fuego en la eliminatoria, con una identidad creada al vapor que quedó eliminada contra su archirrival. En el 2006 fuimos un equipo fulgurante, explosivo y veloz que desquiciaba a sus rivales por las bandas. El equipo era todo magia, todo toque y todo desborde, al puro estilo del entrenador Ricardo LaVolpe. Destacaron Carlos Salcido, Ricardo Osorio, Andrés Guardado y Omar Bravo. En el 2010 fuimos un equipo equilibrado, serio pero un poco gris. Blanco y Márquez habían pasado su mejor momento y los jóvenes de la generación sub 17 campeona del mundo en 2005 demostraron no estar listos para el reto. México hizo una buena participación, pero no mostró un estilo definido. En el 2014 fuimos un equipo carismático, ofensivo e incómodo. Esta selección estaba hecha a la imagen y semejanza de su técnico, Miguel Herrera. Igual de voluble y descarado. Igual de generoso en la victoria, igual de frágil en la derrota.

Cuando piensas en México, ¿en qué piensas? ¿En un equipo exótico, pícaro carismático? ¿O en un equipo gris, mecanizado y eficiente? Depende del entrenador en turno. La falta de identidad de la selección mexicana, a mi entender emana directamente de la falta de identidad de los mexicanos. El fenómeno de la personalidad colectiva ha afectado a nuestros futbolistas más talentosos e incluso a los que han mostrado más fuerza mental. Nuestros triunfadores se encogen con la playera verde. Se disuelven en la incertidumbre que causa no saber a qué juega el equipo que representan. No es un problema individual, me parece. Si fuera así, tendríamos que estar hablando de un Rafa Márquez incapaz de adoptar y entender la identidad del Barcelona, o de un Hugo Sánchez derrotado por los gritos de un estadio racista que no lo aceptaba así anotara 5 goles en un partido. Pero no. Estamos hablando de jugadores talentosos, con fuerza mental y carácter que cuando vienen a jugar con México no saben qué representa la playera verde, no saben a qué va a jugar el equipo con el director técnico en turno (y si los cambian cada 2 años, imagínate). Ya escuché a un lector enfurecido diciendo que "para eso les pagan millones", "a eso se dedican, deberían parecer profesionales". Entiendo, mi querido lector enojado. Pero recuerda que los torneos de selección son cortos y muchas veces los partidos se definen por los rasgos de carácter de uno y otro equipo. Déjame darte ejemplos inversos al de México. Equipos que han sido exitosos con base en la construcción de una identidad.

El caso de Islandia

Durante la eliminatoria rumbo a la Euro 2016, dos partidos fueron muy comentados. Holanda había perdido de local y de visitante contra Islandia. Pero lejos de hablar del equipo islandés, la noticia se centró en las carencias de Holanda y su incapacidad por derrotar equipos que eran supuestamente fáciles. Sin hacer ruido Islandia clasificó al torneo, no como un equipo sorpresivo sino como una víctima segura. Islandia llegó al torneo sin nada más que estadísticas curiosas. Son un país de apenas 330,000 pobladores, con más géiseres (600) y volcanes (200) que futbolistas profesionales (120). El puñado de jugadores que presentaron tenía una experiencia mínima en ligas competitivas y algunos de ellos ni siquiera eran futbolistas de tiempo completo. Su primer partido fue contra Portugal. Contra todos los pronósticos, lo lograron empatar. Aquí fue cuando inauguraron su "grito vikingo", una muestra de identidad nacional que los unió como equipo, los unió con la tribuna (que reunió al 8% de los pobladores del país) y los convirtió en el equipo sensación del torneo. Después empataron con Hungría, otro equipo que clasificó sorpresivamente. Luego vino Austria, que para los comentaristas representaba el final del sueño islandés. Lo que no pensaron fue que los nórdicos iban a correr más, iban a apretar en cada minuto y en cada metro de la cancha. Compensaron su aparente falta de finura futbolística con un despliegue impresionante de entrega, sacrificio y valor. Ganaron el juego con un contragolpe letal, que los ayudó a avanzar a octavos de final donde se encontraron con el anfitrión y favorito al título: Inglaterra. "Ahora sí, se acabó el cuento de hadas" dijo algún comentarista despistado. Pero este no era un cuento de hadas, era mitología nórdica. Y los islandeses, armados con su historia, su unión y su grito vikingo, se lanzaron contra los ingleses con furia. Ganaron el partido 2-1. Se acercaron a la esquina de la grada, donde estaban reunidos los aficionados islandeses e hicieron retumbar el estadio con su grito vikingo. En el siguiente partido, Francia los venció con autoridad. Pero fue en esa derrota cuando el grito vikingo se escuchó más fuerte; los islandeses no renunciaron a su identidad en la victoria ni en la derrota. Por supuesto que esto no es todo. Unos meses después, Islandia siguió demostrando que lo suyo no era casualidad ni ficción: y con una clara victoria 2-0 aseguraron el primer lugar de su grupo en la eliminatoria mundialista por encima de invitados recurrentes como Croacia, Ucrania y Turquía. Islandia estará por primera vez en un mundial, y va a ser un rival muy incómodo. Obviamente existen otros factores para su reciente éxito, porque detrás de su identidad también podemos encontrar un nuevo interés de sus habitantes por el deporte, complementado por inversión en escuelas y canchas. Pero su caso es un ejemplo de que se pueden lograr cosas enormes cuando tienes claro quién eres.

El caso de Chile

A diferencia de Islandia, Chile es un país "futbolero". Ha participado en varias copas mundiales y le ha dado al mundo varias generaciones de futbolistas brillantes. Pero sus resultados como selección nacional no siempre fueron halagadores. De hecho, con excepción del mundial de 1962 en el que fueron locales, sus resultados fueron bastante negativos. Su estilo de juego fue típicamente conservador, contenido y tímido; a veces inspirado por jugadores sumamente talentosos, otras veces embravecidos por jugadores rudos, guerreros y fuertes. Mi querido lector, si tienes menos de 25 años seguramente esta información no te parecerá lógica. "Pero Chile es uno de los mejores equipos del mundo", me dice ese joven lector. Es cierto, pero su éxito es un fenómeno reciente. La historia futbolera de Chile, curiosamente (para efectos de este texto) inició con una victoria 3-0 contra México en 1930. También le ganó a Francia, pero perdió con Argentina, lo que le impidió pasar a la siguiente ronda (el torneo fue de 13 países, así que sólo clasificaba el primer lugar de cada grupo). A partir de ahí sólo logró clasificar al mundial del '50, del que también se fue en fase de grupos. Reapareció en 1962 como anfitrión, donde consiguió su mejor resultado histórico, 3er lugar, después de eliminar a la Unión Soviética en cuartos de final y perder contra Brasil en semifinales. De ese momento a Sudáfrica 2010, que es el momento histórico que nos interesa, Chile sólo asistió a 4 mundiales y en 3 fue eliminado en la fase de grupos (acumuló 6 derrotas y 3 empates). En Francia '98 pasó la fase de grupos con 3 empates (los 3 partidos terminaron 1-1, y los 3 partidos los empezó ganando Chile), pero fue eliminado otra vez por Brasil. Vale la pena decir que esta fue la primera ocasión en que superó la fase de grupos en cualquier mundial fuera de Chile 1962.

El caso de Chile me es particularmente interesante por sus semejanzas con la selección mexicana. Ambos equipos tuvieron muy malos resultados en los primeros mundiales, después fueron anfitriones y consiguieron su mejor participación histórica para después hundirse en un bache deportivo marcado por malas actuaciones e incluso escándalos (el *cachirulazo* que dejó a México sin poder jugar el mundial del '90, y el *maracanazo* que eliminó a Chile del mismo mundial, además de no poder jugar la eliminatoria para el '94). Otra semejanza es que las suspensiones representaron un punto de quiebre para ambas selecciones: México y Chile empezaron a tener resultados históricos en el mundial de '94 y '98 respectivamente.

Es importante notar, antes de que algún lector fanático me aviente una piedra, notar la que probablemente sea la diferencia más grande entre ambos: México ha clasificado a más mundiales por la gran diferencia de calidad con sus rivales de eliminatoria, mientras que Chile siempre se ha eliminado "cuesta arriba" contra equipos como Brasil, Argentina y Uruguay. Dicho esto, y a salvo de los objetos voladores, la historia de Chile se vuelve muy interesante.

Los mundiales de 2002 y 2006 otra vez los vieron por la televisión por no poder superar la eliminatoria, pero mientras esto sucedía a nivel de selección mayor, en los equipos infantiles y juveniles se estaba gestando una generación de futbolistas diferentes, jugadores que al día de hoy siguen haciendo historia con este equipo.

Pero fue hasta 2007 cuando su situación tomó un giro radical, al encargarle la dirección técnica del equipo a Marcelo Bielsa. "El loco", fiel a su apodo, centró sus esfuerzos en la identidad del equipo. Sí, hizo un trabajo táctico extenso. Pero dedicó gran parte del tiempo a "convencer" al futbolista chileno de jugarle a cualquiera "de tú a tú", a encarar los partidos con la misma fuerza mental con la que el pueblo chileno afrontó las tragedias de su historia. Esencialmente, Bielsa les recordó a jugar a ser Chile. En poco tiempo, el sistema de intensidad defensiva y alta presión desde la cancha rival, empezó a dar resultados. Bielsa, además incluyó en el equipo a varios jugadores de la recientemente exitosa selección sub 20, tipos que habían demostrado un cambio en su mentalidad con respecto a generaciones anteriores: tipos como Alexis Sánchez, Arturo Vidal y Gary Medel. Pronto, Chile pasó de ser un equipo competitivo a uno temido. Durante la eliminatoria para el mundial de 2010, cosecharon varias "primeras veces" en partidos oficiales, como su primera victoria contra Argentina y los triunfos de visitante contra Paraguay y Perú, que no se lograban desde los 80's. Los resultados avalaron el cambio de mentalidad; el cambio de mentalidad reforzó el sistema de juego, y éste dejó de ser un sistema y pasó a ser un sello de identidad. "Chile es otro", dijeron muchos. Pero se equivocaban. Chile por fin volvía a ser Chile. Armados con un gran equipo y una renovada auto confianza, llegaron al mundial (del que habían estado ausentes por 3 ediciones) en segundo lugar general de la eliminatoria. Una vez ahí, no perdieron el tiempo e iniciaron derrotando a Honduras. Era la primera victoria de Chile en un mundial desde 1962. Sí, mi estimado lector, tuvieron que pasar 48 años para que Chile, a quien hoy vemos para arriba volviera a ganar un partido de mundial. Desafortunadamente para ellos, se toparon a Brasil en octavos de final y fueron eliminados al perder 3-0. Pero esto era apenas el principio, la semilla de la grandeza que hoy despliegan en la cancha. Para el siguiente mundial, el equipo ya no contó con su guía Bielsa. Pero Jorge Sampaoli, su reemplazo, fue suficientemente sabio para darse cuenta que su rol no era cambiar el estilo de Chile, sino perfeccionarlo. Cuando llegaron al mundial de 2014 ya eran un equipo con el que nadie se quería topar. Vencieron a Australia y al campeón España, y perdieron contra Holanda para colocarse en la siguiente ronda. Ahí se toparon otra vez a Brasil, que ahora además era anfitrión. El partido fue cerradísimo, incluso muchos comentaristas hablaban del dominio de Chile sobre las acciones. Se sentía que en cualquier momento harían una hazaña descomunal. Pero el tiempo se terminó y el partido se tuvo que definir en penales: los perdieron.

A diferencia del derrotismo mexicano que se manifiesta después de cada mundial, Chile regresó a casa sabiendo que estaba reescribiendo la historia; tristes por no avanzar más, pero conscientes de que cada paso que daban los acercaba más a lograr cosas más grandes.

Y el siguiente año llegó la primera. Todavía con Sampaoli al frente, Chile organizó la Copa América. La versión corta es esta: Chile pasó la fase de grupos sin más sorpresas que el partido intenso y cerrado contra México; después eliminó a Uruguay (que venía de ser campeón) y a Perú para encontrarse a Argentina. El partido se decidió en penales y Chile ganó la primera Copa América de su historia, su primer trofeo oficial, su primer torneo invicto y su primera victoria oficial por la vía de los penales (en partidos de selección mayor).

El siguiente año se organizó la Copa América Centenario, en la que Chile fue dirigido por Juan Antonio Pizzi. Misma base de jugadores, mismo estilo de juego. Parecía que Chile estaba teniendo problemas para entenderse durante la fase de grupos porque empezó perdiendo contra Argentina. Después derrotó a Bolivia y Panamá, pero muchos cuestionaron lo apretado de los resultados y pronosticaban el inicio del fin de la mejor era futbolística de Chile. Pero Vidal, Alexis, Vargas, Puch y compañía le pusieron fin a la discusión al golear 7-0 a México en los cuartos de final. Después eliminó a Colombia, un equipo que causó sensación en el último mundial y se topó en la final ni más ni menos que a Argentina. El partido fue cerrado e intenso, terminó 0-0 y se definió en penales. Por segunda vez consecutiva Chile ganó la Copa en penales contra Argentina.

Quienes pensaron al principio de la Copa América Centenario que Chile estaba en las últimas tuvieron una nueva confirmación de lo contrario en la Copa Confederaciones 2017, primera participación en la historia de Chile. La fase de grupos les dio una victoria y dos empates, suficiente para pasar a la semifinal contra el campeón de Europa: Portugal. Chile confirmó su fuerza mental, confirmó que la personalidad de su pueblo ya se confunde con la de su equipo: Por tercera vez consecutiva ganó una tanda de penales, esta vez Claudio Bravo le detuvo todos los tiros a los portugueses. En la final contra Alemania, un error les costó el título.

Lo que pasó después es tristísimo. El vestidor se partió, a los jugadores importantes se les fue la cabeza a las nubes y los jóvenes no entendieron que había que luchar en cada entrenamiento, en cada partido, en la cancha y fuera de ella. Chile, la selección porque no el país, olvidó rápidamente su historia. El éxito les borró el sacrificio y el dolor de la cabeza, los anestesió contra la adversidad y los hizo arrogantes. Lo pagaron con una humillante eliminación del mundial de 2018 en medio de escándalos de alcoholismo, autos chocados y división interna.

¿Pero qué pasó con Chile a nivel social? En términos estrictamente deportivos, fueron capaces de buscar y seleccionar mejores futbolistas jóvenes. Pero algo más estaba sucediendo, su sociedad había sufrido cambios radicales. Pasaron de una coalición socialista en el gobierno a un golpe de estado, a un gobierno militar tiránico. Muchos chilenos sufrieron persecución, tortura y muerte. Pasaron por vaivenes económicos que hubieran destrozado a un país con menos fuerza mental. Pero finalmente lograron hacer una transición de vuelta a la democracia, a la productividad y lo más importante a una sociedad libre para expresarse y aspirar a crecer. No pretendo juzgar la historia de Chile, ni siquiera profundizar en ella, simplemente hacer notar que la búsqueda de su identidad como equipo de futbol fue parte de la restauración de la voz de su pueblo, del entendimiento de su personalidad colectiva y de la aceptación de su propia historia como mecanismo de crecimiento. Hoy, su estilo de juego es un espejo de su realidad social, de su personalidad colectiva.

¿Qué podemos aprender de Islandia y Chile? Primero, que la fuerza de la identidad de un grupo es suficiente para tumbar a uno o dos gigantes, pero no para tener un éxito sostenido sobre el tiempo y con los cambios de circunstancias. Segundo, que la identidad nacional puede ser "practicada". No es algo con lo que nacemos, ni que se da natural con el paso del tiempo y la interacción de la sociedad. La identidad nacional es un objetivo, una declaración de principios acompañada por un plan para forjarla, fortalecerla y mantenerla. También podemos ver que la identidad trasciende los resultados. Es decir, uno puede ganar o perder; triunfar o fracasar, tener prosperidad o pobreza, y la identidad puede seguir intacta. Es más, cuando una nación conserva una identidad clara y positiva, la puede usar como mapa para salir de los tiempos difíciles.

También podemos aprender que no hay que despreciar nuestro origen, sino entenderlo. Nuestro origen no se puede cambiar. Y puede ser una carga sobre nuestra espalda, pero tenemos la capacidad de decidir cómo cambiar nuestro futuro. Podemos decidir cómo moldear nuestra identidad, cómo usar las circunstancias a favor y convertirnos en un pueblo ganador. Esto no significa que todo en nuestro pasado sirve. Para nada, hay muchas cosas en nuestra historia que no deben enorgullecernos. ¿Qué hacemos con eso? Cortemos los lazos con lo negativo, con lo que no nos hace crecer. "¿No te parece medio hipócrita sólo tomar lo bueno de la historia?" me dice un mexicano con alitas que se apareció sobre mi hombro. No, no me parece. Y no se trata de cegarnos ante lo negativo, sino aprender de eso y enfocar nuestras energías en el presente y el futuro.

INICIANDO LA REMONTADA

¿CUÁNDO VAMOS A GANAR EL MUNDIAL?

Mi querido lector, te agradezco por haber llegado hasta aquí. Me hace sentir honrado y orgulloso. Pero también te felicito, porque sé que no es tan fácil chutarse un análisis crítico de nuestra sociedad sin sentirse al menos un poco agredido. La buena noticia es que a partir de este momento, vamos a hablar de muchas cosas positivas. Porque, aunque creo que nuestra historia es oscura, veo un futuro prometedor para nuestro país. Estoy seguro que en menos de 20 años vamos a ganar el mundial.

Cosa curiosa. Cuando empecé a escribir este libro sólo estaba pensando en el caso de la selección mexicana como representación de la personalidad colectiva de nuestro pueblo. Y a la mitad del manuscrito, mientras investigaba, me di cuenta de algo: no había pensado en los mexicanos que sí tienen éxito. ¿Será que desafían la premisa de este libro?, pensé. Tal vez llevo la mitad de un libro escrito cuando la premisa es falsa. Me deprimí por dos minutos y luego hice lo que hacemos los escritores: investigar obsesivamente. En un capítulo anterior ya había mencionado el caso de algunos mexicanos exitosos, pero en este quiero profundizar más en quiénes son y mi teoría de porqué son diferentes al resto.

Primero tengamos clara una cosa: el éxito es una decisión personal. Por supuesto que no todos empezamos con las mismas oportunidades, pero todos podemos trabajar para tener mejores resultados en la vida. Después, creo que sobra decir que el entorno cultural en el que uno crece juega un papel importantísimo en las aspiraciones personales, la ética de trabajo y la postura que uno toma hacia la vida. Así que el éxito es una mezcla entre tu empuje personal y la influencia de tu entorno.

Los refuerzos: una nueva migración.

Lubezki, Cuarón, Mastretta, Sneider, Alazraki, Slim, Iñárritu, Kahlo, Hayek, Kumamoto, Baillères, Aramburuzabala, Servitje, Robinson Bours, Michel Suberville, Arango, Hank Rhon, Grossman, Chedraui, Harp Helú. ¿Qué tienen en común estos nombres? Seguro te diste cuenta, mi observador amigo. Todos tienen nombres extranjeros. "¡Oye, pero qué me dices de los Pérez a los que también les va bien!" me grita el mexicano con alitas que sigo trayendo sobre el hombro. Vamos para allá, déjame explicar.

En México, los juegos de pelota terminaron con la conquista y no se reanudaron por otros 300 años. Fue hasta que las compañías mineras inglesas llegaron a la zona de Pachuca que trajeron consigo un deporte que llevaba unos 40 años tomando su forma moderna en Europa: el futbol. Los ingleses empezaron a fundar clubes de cricket y futbol en las zonas en las que vivían hasta formar una liga amateur. A ellos se les sumaron los clubes españoles formados por los migrantes de la "primera oleada" (entre 1880 y 1930). Por décadas, el futbol estuvo dominado por equipos como Asturias, el Club España y otros equipos formados por migrantes. En 1906, un grupo de belgas y franceses fundaron el Club Unión, el equipo que hoy se considera el "más mexicano" y que se hace llamar "Chivas de Guadalajara". En 1916, a raíz de la popularidad del deporte que practicaban los españoles y los ingleses, un par de grupos estudiantiles se reunieron para fundar su propio club, el primero en contar sólo con jugadores mexicanos y que décadas después sería uno de los más exitosos. Le llamaron "América".

La migración le dio origen al futbol en México y lo ha moldeado por muchos años. Pero esto no es un fenómeno exclusivo del deporte. La sociedad y los negocios en México también han sido transformados por diferentes olas migratorias que hemos recibido. Esto ha sido de muchísimo provecho para nuestro país, porque es una manera efectiva de traer nuevas ideas, de asomarnos a otras opciones de identidad, de experimentar en carne propia lo que significa el éxito. "¿Cómo? ¿Un mexicano no puede tener éxito?", el mexicano volador ya casi me deja sordo. Sí, pero vuelvo al corazón del tema: nuestra historia nos ha pesado demasiado, nuestra identidad no nos deja despegar. Vamos como el Pípila (que no existió) con la losa en la espalda, perdiendo dignamente y mirando al suelo.

Y por eso me parece tan importante que hablemos de los migrantes exitosos en nuestro país, para entender qué hicieron "ellos" que no hicimos "nosotros", y tomar su ejemplo para quitarnos la losa de la espalda. Mi teoría es la siguiente: los migrantes españoles de la primera y segunda oleada; los libaneses y judíos, los chinos y estadounidenses, todos vinieron a México con una identidad colectiva diferente a la nuestra: tal vez más arrojada, tal vez más ganadora, tal vez más trabajadora. La gran noticia es que esos migrantes tuvieron hijos, ya mexicanos, que hicieron grandes negocios o crecieron radicalmente lo que sus padres habían construido. México empezó a tener gente de éxito, gente que competía con quien fuera. Los "nuevos mexicanos", hijos de aquellos migrantes nos empezaron a dar permiso de triunfar. Además, se estima que el 25% de la migración de la "segunda oleada" se conformó de artistas y pensadores exiliados. Ellos enriquecieron nuestra cultura, que seguía atorada entre lo campesino, lo guadalupano y lo simuladamente europeo. Gente como Remedios Varo, Paco Ignacio Taibo I, Luis Buñuel, León Felipe y Luis Villoro impactaron duramente la concepción de nuestro ser y nos dejaron como herencia a una generación de pensadores mexicanos que se han dedicado a desenterrar las ideas que tienen el potencial de formar nuestra nueva identidad.

Los "nuevos mexicanos" no sólo nos enseñaron que se puede pensar diferente. También nos enseñaron que se puede tener éxito financiero. Para muestra, les enlisto algunas empresas mexicanas extremadamente exitosas que fueron fundadas por inmigrantes españoles: Soriana, Organización Editorial Mexicana, Gigante, Editorial Grijalbo, Comercial Mexicana, Librerías de Cristal, Jumex, Grupo Modelo, Aurrerá y Bimbo. Además, los inmigrantes españoles fundaron o ayudaron a fortalecer el Colegio de México, y el Fondo de Cultura Económica.

[Extraído del artículo "México recibe tercera gran migración de españoles" de Anabel Clemente Trejo, publicado en La Razón el 22 de diciembre de 2012.]

"Ya entendí, ¿cuál es tu teoría?" me pregunta el mexicano sobre mi hombro. Simple. Mi teoría es que los nuevos mexicanos son personas que no están contaminadas por el estigma de nuestra historia. Son personas que no están en conflicto con su origen, por lo que su identidad no es una carga sino una ventaja. Hace muchos años un empresario canadiense me dijo: "México es el país perfecto para venir a hacer grandes negocios porque los mexicanos no se atreven a empezarlos". Al principio me hirvió la sangre, lo quería ahorcar. Pero desafortunadamente el señor tenía razón. Eso es lo que han hecho los nuevos mexicanos: dejar de ver a nuestro país como la víctima, el país de las derrotas heroicas, los pobres pero honrados; y lo han visto por lo que es: un lugar rico en recursos y una hoja en blanco para las oportunidades. La llegada de los nuevos mexicanos es una gran oportunidad para formar nuestra nueva identidad: una que nos permite ser grandes empresarios, pensadores ilustres, ganadores del Óscar y eventualmente campeones mundiales de futbol.

La cantera: ¿Qué hay de los Hernández?

Yo no soy un "nuevo mexicano". Mis antepasados llevan aquí suficiente tiempo para haber sufrido los embates de la historia oficial y de la falsa identidad que llevamos encima. ¿Qué hay de mí? ¿Puedo ser exitoso? ¿Cómo puedo dejar de ser el Pípila y ganar un mundial? Esta pregunta me ha dado vueltas por la cabeza desde que empecé a escribir este ensayo. Y justo ese es mi punto. Dejar de preguntarnos si podemos, dejar de gritar "sí se puede" y simplemente poder. Todos podemos ser nuevos mexicanos, todos podemos descubrir nuestras capacidades y salir a conquistar el mundo. La buena noticia es que los nuevos mexicanos también se apellidan Sánchez, Márquez y Hernández como lo cuenta José Ramón Fernández Gutiérrez de Quevedo:

> *Por obra, gracia y época del jugador, me considero "sanchista", no encuentro razones ni señales deportivas para creer que en el mediano y largo plazo, veremos otro futbolista mexicano como él. La carrera de Hugo en Europa sigue lejos de cualquiera de nuestros jugadores, incluso, de cualquier jugador internacional [...] Después de Hugo, no tengo duda, está Rafael Márquez. El*

primer futbolista mexicano que rompió el molde de la exportación. Márquez no solo abrió un nuevo mercado, de medio campo hacia atrás; también logró que el mundo reconociera en México un elegante estilo defensivo en el juego, del que nuestro mejor zaguero fue bandera [...] A estas virtudes con las que persuadió al público de Barcelona, uno de los más exigentes con la pureza del juego, hay que agregarle once títulos, dos de ellos Champions League. Y por debajo de ellos está Javier Hernández, para mi gusto y sin dudarlo, el tercer mejor futbolista en la historia de México. Ningún delantero en el mundo capaz de marcar más de cien goles en tres diferentes ligas europeas, sumando la Champions League; y ser el máximo goleador de su selección, divide tanto la opinión en su país. La marca que establecerá (+46) con México, debemos guardarla en un lugar privilegiado aunque el dato siga sin convencer a la fiscalía que le persigue. Hernández consiguió derribar los muros mentales que detenían el progreso del futbolista mexicano: a partir de Chicharito, todos tienen permiso para triunfar.

[Fernández Gutiérrez de Quevedo José Ramón, "Sánchez, Márquez y Hernández", publicado en Milenio, 2017]

Huguiña o chilena: Los nuevos mexicanos

A las nuevas generaciones les suena cada vez menos raro que un mexicano de piel morena, acento regional y apellido común "la haga" en México y en el exterior. Gracias a los nuevos mexicanos con nombres extranjeros, pero también gracias a mexicanos que tuvieron que soportar el rigor de tener éxito sin demostrar "pedigree" internacional. Tenemos mucho por agradecerle a gente como Hugo Sánchez, un tipo que nunca se escondió tras las excusas patrióticas con las que justificamos el fracaso. Un hombre que impuso récords que fueron inalcanzables por décadas. El fue uno de los primeros "nuevos mexicanos", pero llegó demasiado pronto, no lo entendimos. Maravilló al mundo, pero nunca convenció del todo a su propio país. Uno de sus goles más recordados nos da pauta de lo mucho que fue apreciado en España en contraste con lo que lo queremos en México.

Hugo Sánchez Márquez es y será el mejor jugador mexicano que ha pisado un campo de futbol [...] Sin embargo, hay un gol que simboliza su carrera [...] Es el 10 de abril de 1988. Se juega en contra del Logroñés —que, por cierto, al revés se lee: señor gol—. Una escapada por el lado izquierdo de parte de Gordillo inicia —sin saber— el momento cumbre en la historia del mexicano. Gordillo centra a la entrada de Hugo que se alza y, materialmente suspendido en el aire, toma de chilena el esférico y lo coloca en el ángulo superior del portero logroñés. Es la anotación más bella en el futbol español [...] Los aplausos duran más de cinco minutos; lo que pasa después del gol a nadie le importa [...] A partir de entonces, en España, el tomar el balón en el aire, de espaldas al marco, que en tono el mapamundi futbolístico se conoce como chilena, da en llamarse "Huguina".
[Cardoso Carlos Calderón. Anecdotario Del Futbol Mexicano. Ficticia, 2006.]

Lo más curioso es que en México, el término "Huguina" o "Huguiña" nunca fue adoptado. Es curioso porque hasta ese entonces, ese gol era una de las escasas victorias deportivas que un mexicano había conseguido. Ese fue el camino que tuvieron que sufrir los primeros "nuevos mexicanos" que no tuvieron la decencia de presumir un apellido extranjero. Es gracias a ellos que hoy, tú y yo, nos llamemos como nos llamemos, tenemos el derecho a triunfar.

¿Y la Sub 17, apá?

Hasta mediados de 2005 nadie en México le ponía atención a los mundiales infantiles. Pero ese año, en el mundial de Perú, sucedió algo inesperado: México llegó a semifinales por primera vez desde 1977 y se iba a enfrentar contra Holanda, un rival formidable para una derrota gloriosa. Los medios repentinamente se interesaron por el torneo, y consiguieron transmitir el partido, que México ganó cómodamente 4-0. La euforia se apoderó de la afición, y todo México se reunió a ver el partido de la final, ni más ni menos que contra Brasil. El equipo mexicano se rebeló contra la historia. Dominó el partido de principio a fin; empezó ganando, sostuvo la ventaja y la incrementó hasta terminar con un contundente 3-0 que los convertía en campeones. ¿Qué pasó ahí? El director técnico de esa selección, Jesús Ramírez, habló de la diferencia marcó la mentalidad dentro de su equipo.

"Se trabajó en el aspecto mental, eso potenció todo lo que fue el área futbolística. De ahí partimos con otros valores tan importantes para cualquier empresa o para cualquier equipo de futbol, como cuestiones de orden, respeto, disciplina y puntualidad".
[Mera Isaid. Artículo "Claves por las que México triunfó en Perú 2005". Expansión.mx, 2010.]

Es curioso, los valores que el inculcó a su grupo no son los que típicamente relacionamos con "la mexicanidad". Ramírez entendió que su "generación dorada" de jugadores no tenía algo particularmente especial en lo futbolístico, pero eran chavitos que iban a ser capaces de adoptar los valores del nuevo mexicano. Este triunfo, al igual que el éxito de Hugo Sánchez, Javier Hernández y los demás nuevos mexicanos, se convirtió en un permiso para ganar. Otra generación sub 17, la de 2011, tomó ese permiso y se volvió a coronar campeón del mundial. Esta vez derrotó a equipos como Holanda, Alemania (con un gol de "huguiña"), Francia y Uruguay.

El fracaso educativo, un beneficio disfrazado.

El éxito de las selecciones infantiles de México también está relacionado con otros factores. Son generaciones de jóvenes que están viviendo una de las peores etapas del sistema educativo. Son niños que ya no fueron adoctrinados efectivamente por la educación oficial, que con sus paros laborales y su descontrol generalizado tienen a los alumnos confundiendo a Hidalgo con Madero y a Zapata con Santa Anna. ¿Es trágico? Sin duda. Pero el hecho de que la juventud no esté absorbiendo las mentiras de la historia oficial es una reforma educativa involuntaria. Cada vez menos jóvenes crecen con el estigma de nuestra historia; con la cicatriz de nuestro origen violento, desordenado y oscuro.

Además las nuevas generaciones están completamente conectadas al mundo, para bien y para mal. Para bien, porque ahora las ideas del exterior están disponibles para todos, lo que nos debería hacer capaces de analizarlas, adaptarlas a nuestra realidad y desechar lo que no nos sirve. A diferencia del positivismo sintético del siglo XIX traído por una élite cultural, hoy estamos más cerca de las ideas globales. Esta hiperconexión también tiene sus riesgos, especialmente en el entorno de una sociedad poco educada. Porque al estar más cerca de las ideas exteriores, nos ubicamos más lejos de nuestra historia. Otra implicación es la facilidad con que la opinión es creada, manipulada y distribuida a través de las redes sociales.

La gran oportunidad consiste en darle dirección a estos nuevos mexicanos; enseñarles la verdad, inculcarles el pensamiento crítico, recordarles que el gusto por el conocimiento no es más que aquello que llamábamos "curiosidad" cuando eran niños. Muchos de los nuevos mexicanos no le tienen miedo al éxito ni a la verdad. Muchos están dejando atrás el complejo de inferioridad asociado con tener rasgos indios o apellidarse López, Pérez o Gómez.

Pero toda gran oportunidad viene acompañada de un riesgo. En este caso, veo que la implicación de dejar solos a los nuevos mexicanos es que vuelvan a adoptar ideas que no corresponden a nuestra realidad, que se abanderen de los conceptos más "accesibles" o populares en redes sociales (y lamentablemente creo que está pasando). Otro peligro es que los nuevos mexicanos se tomen la realidad a la ligera y se crean el discurso demagógico del "sí se puede", de "estamos para ganarle a cualquiera". Los nuevos mexicanos seremos una generación exitosa si somos honestos sobre el alcance de nuestras posibilidades y construimos a partir de esa verdad para poder llegar más alto. Si no lo hacemos, corremos el riesgo de repetir la historia, y de desarrollar un complejo de inferioridad como el que describió Samuel Ramos en su libro más famoso en el remoto 1934:

> *No se puede negar que el interés por la cultura extranjera ha tenido para muchos mexicanos el sentido de una fuga espiritual de su propia tierra. La cultura, en este caso, es un claustro en el que se refugian los hombres que desprecian la realidad patria para ignorarla. De esta actitud mental equivocada se originó ya hace más de un siglo la "autodenigración"*

mexicana, cuyos efectos en la orientación de nuestra historia han sido graves. "Los pueblos hispanoamericanos —dice Carlos Pereyra en su Historia de América— han sufrido las consecuencias de la tesis autodenigratoria sostenida constantemente durante un siglo, hasta formar el arraigado sentimiento de inferioridad étnica que una reacción puede convertir en exceso de vanagloria."

El individuo afectado por el complejo de inferioridad es un inadaptado a su mundo, porque existe una inadaptación dentro de sí mismo [...] Es por lo general un individuo cuyas ambiciones son desproporcionadas a sus capacidades; hay un déficit del poder con respecto al querer. De aquí el sentimiento de inferioridad. Pero se comprende entonces que la inferioridad no es real, sino únicamente relativa a lo desmesurado de la ambición. Si ajustamos nuestro querer a nuestro poder, entonces el sentimiento de inferioridad no tiene por qué existir.

[Ramos, Samuel. El Perfil Del Hombre y La Cultura En México Samuel Ramos. Espasa-Calpe Mexicana, 1951.]

Voltereta de último minuto

Londres 2012

Los nuevos mexicanos son una generación privilegiada, pero también carga el peso de una responsabilidad enorme.Tienen a su cargo romper con los vicios y traumas que los viejos mexicanos construyeron por 5 siglos y reinventar nuestra identidad colectiva; y todo esto en apenas los tiempos extra de nuestra historia. Pero lo más difícil de este reto es que en la alineación rival está un enemigo formidable: los viejos mexicanos.

Te voy a contar brevemente una historia que seguramente conoces, pero voy a hacer énfasis en la temperatura de las reacciones de los viejos mexicanos frente a los resultados del equipo mexicano. Hablo de la olimpiada de Londres 2012, en la que México ganó oro por primera vez en su historia. Todo empezó con una gira de preparación en la que México no ganó ni un partido. "No se ve claro", decían los comentaristas. Los más optimistas decían "esperemos a la fase de grupos para ver qué pasa". A pesar de ser partidos de preparación (que no se juegan para ganar sino para fortalecer los conceptos estratégicos y definir la alineación titular), el pesimismo se apoderó de la opinión de los medios y por lo tanto la de los aficionados. El primer partido de la fase de grupos fue contra Corea del Sur y el resultado fue un empate a cero goles. Faltando dos partidos por jugar y habiendo sacado un punto, que es muy valioso en un torneo tan corto, la prensa se lanzó sobre el equipo con la espada desenvainada. "Ni van a pasar de la fase de grupos", declaró algún viejo mexicano. "Jugando así no aspiramos a medalla", decía el encabezado de otro periódico. El culto a la derrota, el sentimiento de inferioridad y los fantasmas del pasado rondaban al equipo mexicano, pero Luis Fernando Tena, el entrenador a cargo mantuvo fuerte la moral del equipo, y les implantó la idea de jugar para ganar. No para subirse al podio, para ganar el torneo. Por primera vez en muchos años, el equipo mexicano demostró tener más fuerza en la mente que en las piernas.

Con ese impulso llegaron al segundo partido, ahora contra Gabón. "Es un juego muy ganable", declaró un comentarista que se la pasa haciéndose el chistoso. La prensa tiraba afirmaciones victoriosas con una facilidad tremenda. En el documental "Oro: el día que todo cambió" de Carlos Armella y David Romay, los protagonistas son entrevistados sobre sus impresiones del torneo. Curiosamente, mientras los jugadores y el DT hablaban de saber que tenían que ganar el partido, y confiaban en su habilidad para hacerlo, los viejos mexicanos hablaban de "tener esperanza" y "no perder la fe". México ganó el partido sin despeinarse, y después también le ganó a Suiza con relativa comodidad. El equipo estaba en cuartos de final, y apenas dos semanas después de que la prensa declaraba que no pasarían ni a cuartos, los encabezados decían cosas como "Huele a medalla" o "Ahora sí vamos por todo". En tan poco tiempo, la opinión cambió del total derrotismo a un triunfalismo exagerado (¿recuerdas el sentimiento de inferioridad que describe Samuel Ramos? Pues ni más ni menos).

Los cuartos de final enfrentaron al equipo contra Senegal, uno de los equipos más fuertes de la competencia. En ese partido, México empezó a mostrar la identidad que Tena les había estado tratando de infundir: presión alta en el campo rival y mucho orden en las jugadas a balón parado. Usando estas herramientas, México se fue arriba 2-0. Senegal respondió yéndose al ataque con fuerza. Al minuto 70, anotan un gol, y se lanzan al frente con mucho más empuje. Minutos antes del silbatazo final, Senegal empata el partido. "¿Otra vez?" dijo Giovanni Dos Santos en su entrevista para el documental. Por nuestras mentes pasó la eliminación del 2010, la de 2006, la de 1998, la de 1994. Y fue entonces que hicieron lo que nunca: metieron 2 goles en los tiempos extra a base de pura fuerza mental y empuje físico. Javier Aquino declaró que ese fue el partido más difícil del torneo; más que la final contra Brasil incluso. ¿Por qué será? Yo creo que es porque fue el partido en el que tuvieron que romper las maldiciones, ahuyentar a los fantasmas. Fue el partido que no había que jugar con los pies, sino con la cabeza.

Se liberó la presión y el equipo jugó los siguientes partidos sabiendo que había dejado atrás "el fracaso". Ahora era cuestión de ver si le iban a tener miedo al éxito. Empezaron la semifinal perdiendo contra Japón con un golazo imparable de ellos. Fue ahí cuando la identidad del equipo se empezó a revelar con aún más claridad. México empató el partido con un tiro de esquina, haciendo valer otra vez su manejo de la táctica fija como parte de su particular forma de juego. Después le puso a los japoneses una presión insoportable de media cancha hacia adelante, peleó cada balón como si fuera el último. El gol que le dio la vuelta al partido fue precisamente en una jugada donde Dárvin Chávez rescató un balón que parecía perdido, Peralta tiró y el portero lo detuvo. Después salió jugando con sus defensas, pero Peralta y Aquino se quedaron haciendo una presión tan fuerte que robaron la pelota. Aquino se la dejó a Peralta y él definió con un tiro increíble al rincón de la portería. Más tarde México sentenció el partido con un tercer gol.

"Ahora sí estamos para ganarle a cualquiera" decían los comentaristas más optimistas. Pero al ver que el rival de la final era Brasil, los viejos mexicanos, suspiraban aliviados pensando: "Al menos ya tenemos la de plata", "Ya es segura la medalla". Otra vez, los viejos mexicanos se preparaban para perder, y para festejar como si hubiera sido una victoria. Sin embargo, los jugadores ya estaban convertidos en "nuevos mexicanos". Antes del partido, el entrenador Luis Fernando Tena les recordó su identidad futbolística: presión desde el primer minuto. Y su identidad colectiva: ordenados, intensos e irrespetuosos.

> *Juegan en Brasil [...] tres volantes de recuperación. ¿Por qué? Porque nos respetan, carajo. Porque saben que no nos pueden dejar jugar, porque saben que somos un equipo fuerte. Ahí están las marcas, atentos a las marcas. Como siempre, señores, los primeros minutos (son) importantísimos. No entramos a ver qué pasa ni a estudiar al rival. A ser los protagonistas, a tener la pelota partiendo del orden, atacando los primeros minutos, enchufadísimos. Que nos sientan. Recuerden que somos respetuosos fuera del campo. Dentro del campo ¡no respetamos a nadie! Llámese como se llame, ¡pum! con todo al balón, los atacamos y les metemos goles. Hoy es nuestro gran día, señores. Han hecho un gran torneo, hoy les toca cerrar bien.*

Al minuto 1, México anotó el primer gol simplemente con base en la identidad que Tena les había infundido: presionando como manada enfurecida en todo el campo. México presionó, llegó muchas veces. Y otra vez, a balón parado, con una jugada preparada reafirmaron que tenían muy claras las armas con las que jugaban: Peralta anotó el segundo, que ponía a México en ventaja a 15 minutos del final. "¡Gol de oro!" gritaban los viejos mexicanos anticipando una victoria que era muy probable pero nada segura. Los nuevos mexicanos aguantaron a pie firme los ataques de un Brasil que no se iba a dejar vencer tan fácil. Anotaron uno. La mente de los viejos mexicanos se nubló. ¿Habían regresado los fantasmas? ¿Nuestras viejas maldiciones nos iban a dejar otra vez a la orilla de la máxima victoria? En pleno tiempo de compensación, el brasileño Óscar falló una jugada clarísima. No sólo los jugadores habían hecho todo bien, sino que la "suerte del campeón" (que yo creo que no es suerte sino el efecto psicológico de la certeza de la posibilidad de la victoria) estuvo de nuestro lado por primera vez.

El árbitro pitó el final. Ganamos. Y ganamos jugando a ser México. No simulando ser otra cosa. El equipo planteó su juego a partir de sus virtudes, y evitó entrar en el terreno de sus limitaciones. Por eso estoy convencido que para definir nuestra identidad colectiva —el ¿a qué jugamos?— es vital hacer un análisis propio. Preguntarnos para qué somos buenos, en qué deportes ganamos medallas, si somos buenos para la ciencia o para las humanidades.

Volviendo al deporte, podemos darnos cuenta fácilmente que México se ha destacado en marcha, box, tae kwon do y atletismo de medio fondo. Somos un país de gente de sonrisa fácil, de buen humor, de gente que se ríe de la adversidad. Tiene sentido. Porque somos aguantadores, resistentes y luchadores. Tal vez nuestra historia llena de golpes nos hizo "corriosos", tal vez es la mezcla genética de nuestra herencia. Tal vez es un mecanismo de defensa. En cualquier caso, es una buena señal de lo que podemos llegar a ser. Es un buen inicio. ¿Por qué no jugar futbol como boxeamos? Tirados al frente, aceptando el castigo pero repartiendo más, presionando en cada centímetro de la cancha. ¿Por qué no jugamos futbol como marchamos? Con la vista al frente, con concentración absoluta, con convicción ganadora. ¿Por qué no vivimos así? Lanzados al frente, aceptando los retos, pintándole la cara a las adversidades, ganando con autoridad. Lo podemos hacer. Así jugó la selección en Londres 2012 y ganaron el oro.

Jugar a ser México

Es urgente, como también dijo Ramos hace tanto tiempo, detenernos un momento a pensar. A revisar el estado de nuestra cultura, a darle la dirección correcta al sistema educativo, a tomar las oportunidades que nos han mostrado los nuevos mexicanos. Es urgente hoy como lo ha sido durante toda nuestra historia. La diferencia es que hoy tenemos las herramientas y la mentalidad correcta para hacerlo. Es urgente que hoy dejemos de mirar hacia afuera en busca de nuestra identidad, y volteemos hacia nosotros mismos. Evitemos los peligros de la imitación, un mal que nos ha aquejado desde la Conquista.

> *Los fracasos de la cultura en nuestro país no han dependido de una deficiencia de ella misma, sino de un vicio en el sistema con que se ha aplicado. Tal sistema vicioso es la imitación que se ha practicado universalmente en México por más de un siglo. Los mexicanos han imitado mucho tiempo, sin darse cuenta de que estaban imitando [...] A lo que se ha tendido inconscientemente es a ocultar no sólo de la mirada ajena, sino aun de la propia, la incultura. Para que algo tienda a imitarse, es preciso creer que vale la pena de ser imitado. Así que no se explicaría nuestro mimetismo si no hubiera cierta comprensión del valor de la cultura. Pero apenas se revela este valor a la conciencia mexicana, la realidad ambiente, por un juicio de comparación, resulta despreciada, y el individuo experimenta un sentido de inferioridad.*
>
> *[Ramos, Samuel. El Perfil Del Hombre y La Cultura En México Samuel Ramos. Espasa-Calpe Mexicana, 1951.]*

En su diagnóstico de la situación de la selección Mexicana, César Luis Menotti llegó a la misma conclusión que Ramos, más de 50 años después y sin siquiera haberlo leído:

> "El problema de México, es que es camaleónico, cuando juega contra Brasil quiere ser tocador de balón, cuando lo hace ante Alemania quiere jugar vertical, a los argentinos quiere jugarles canchero, a los holandeses con profundidad, a los italianos defensivo, pero nunca muestra esa picardía que es lo de aquí, lo de México, como son vosotros, pícaros, generosos..."
> [Fragmento de la entrevista "César Luis Menotti, inolvidable arquitecto del cambio en el Tri". La Crónica. 2015.]

¿A qué juega México hoy? Tal vez las palabras de Menotti son cada vez menos relevantes. Tal vez hemos avanzado, aunque sea a tumbos, hacia una concepción más clara de lo que somos y de lo que hemos sido. Puedo decir con optimismo que estamos cerca de encontrar nuestra identidad como equipo de futbol, y para muestra, el discurso que le dio Luis Fernando Tena a sus jugadores antes de salir a jugar la final de los juegos olímpicos de 2012. Puede haber sido un caso aislado, simplemente una generación y un equipo con una identidad clara. No importa si fue así, es nuestra oportunidad de agarrarnos de esa victoria y definirnos como equipo, como pueblo, como individuos.

Lo más importante ahora es preguntarnos ¿a qué queremos jugar? ¿Quiénes queremos ser? No es tarde. Hoy podemos decidir el tipo de país que queremos tener. Hay que fijarnos en nuestros exitosos y preguntarnos ¿en qué somos buenos? Hoy más que nunca podemos subirnos a los hombros de los gigantes: de Sánchez, de Márquez, de Hernández y del equipo ganador de la medalla de oro en Londres 2012. Y desde esas alturas podemos ver el campo sin marcar, las porterías sin redes, las gradas vacías, y decidir el significado de la playera verde. ¿Qué somos? ¿A qué jugamos?

No pretendo redefinir nuestra identidad colectiva en un libro; es un trabajo imposible para una persona. Lo que necesito, mi querido lector, es que pensemos, que recordemos y que proyectemos a futuro. Que reclamemos nuestra identidad; no al gobierno, no a los extranjeros, no a la iglesia. Hay que conquistarla; hay que vencer a nuestra propia historia, a nuestros demonios, a nuestros ídolos falsos.

Un día no muy lejano vamos a recuperar nuestra identidad, vamos a saber a qué jugamos. Ese día vamos a ganar el mundial.

Citas

Cardoso Carlos Calderón. *Anecdotario Del Futbol Mexicano*. Ficticia, 2006.

Moreno, Francisco Martín. *100 Mitos De La Historia De México*. Planeta, 2011.

Paz, Octavio. *El Laberinto De La Soledad*. Fondo De Cultura económica, 1990.

Ramos, Samuel. *El Perfil Del Hombre y La Cultura En México Samuel Ramos*. Espasa-Calpe Mexicana, 1951.

Villoro, Juan. *Dios Es Redondo*. Editorial Anagrama, 2014.

Made in the USA
Columbia, SC
17 June 2024